HISTOIRES MYSTÉRIEUSES

HISTOIRES MYSTÉRIEUSES

J. B. STAMPER

traduit de l'anglais par
Nicole Ferron

ÉDITIONS HÉRITAGE
MONTRÉAL

Données de catalogage avant publication (Canada)

Stamper, Judith Bauer

  Histoires mystérieuses

  (Collection Chauve-souris).
  Traduction de: More tales for the midnight hour.
  Pour adolescents.

  I. Titre. II. Collection.

PZ23.S72Hi 1988   j813'.54   C88-096521-5

More Tales for the Midnight Hour
Copyright© 1987 by J.B. Stamper
Publié par Scholastic Inc.

Version française
© Les Éditions Héritage Inc. 1988
Tous droits réservés

Dépôts légaux : 4e trimestre 1988
Bibliothèque nationale du Québec
Bibliothèque nationale du Canada

ISBN : 2-7625-5201-X   Imprimé au Canada

Photocomposition : DEVAL STUDIOLITHO INC.

LES ÉDITIONS HÉRITAGE INC.
300, Arran, Saint-Lambert, Québec J4R 1K5
(514) 875-0327

LE COL DE FOURRURE

Suzanne était ma meilleure amie. J'essaie bien de ne plus penser à elle, mais il y a certaines nuits, où seule dans ma chambre, je me souviens...

Tout ça s'est passé l'an dernier pendant les vacances de Noël. Suzanne m'avait demandé de passer la nuit chez elle. Elle vivait dans une énorme et triste maison en retrait du chemin. Ses parents étaient absents jusqu'au lendemain et nous nous promettions de bien nous amuser, toutes seules, sans grandes personnes.

Vers minuit, nous décidions de nous préparer pour la nuit. Suzanne avait reçu en cadeau une magnifique robe de chambre en velours rouge garnie d'un col de fourrure épaisse. Habillée de cette façon, elle semblait sortir tout droit d'un film de Dracula.

Nous avions regardé la télévision dans le salon mais quand nous avons éteint, l'étage tout entier nous sembla immense et triste.

Nous montions au deuxième étage quand soudainement, comme si nous avions le diable à nos trousses, nous grimpâmes les marches quatre à quatre.

La porte de la chambre n'était pas sitôt fermée que nous nous moquions de notre peur, mais aucune de nous ne serait ressortie. Assises en indien sur le lit, nous causions de choses et d'autres. C'est alors que nous avons d'abord entendu le bruit.

C'était un peu comme le frottement d'un couteau sur une vieille meule.

Nous nous sommes vite arrêtées de parler. Nous nous regardions, effrayées. Le silence était presque palpable. Suzanne se mit à rire : elle était sûre d'avoir déjà entendu ce bruit dans la maison. Un volet était peut-être mal fixé ? Je me sentis mieux et nous reprîmes notre conversation. Soudain, encore ce bruit ! SCRRITCH. SCRRITCH. Mes dents grinçaient comme si des ongles avaient gratté sur un tableau. Mais c'était pire encore. Le son grinçant montait des pièces sombres et vides du rez-de-chaussée. SCRRITCH.

Un air effaré passa dans les yeux de Suzanne comme si quelque chose d'horrible avait traversé son esprit. Avant que j'aie eu le temps de l'attraper, elle sortit de la chambre, claquant la porte et fermant la lumière d'un coup sec. J'entendais le bruit de ses pas dans l'escalier et puis, plus rien. J'étais assise dans le noir, malade de peur. J'appelais : « Suzanne, Suzanne, » mais aucune autre réponse que le silence.

Je ne voulais pas rester seule dans la chambre noire mais je voulais encore moins en sortir. SCRRITCH. J'entendis alors Suzanne descendre la dernière volée de l'escalier. Elle y allait lentement, comme à regret, puis elle atteignit le rez-de-chaussée. J'attendais dans la chambre, me demandant ce que Suzanne faisait. Je me disais que tout devait être parfait puisque depuis qu'elle avait atteint le bas de l'escalier, le bruit s'était arrêté. Suzanne devait avoir fixé le volet. Peut-être même qu'elle m'avait joué cette comédie pour me faire peur et qu'elle était maintenant assise dans l'escalier, riant de moi. Je me levai et m'avançai vers la porte, voulant faire de la lumière mais la peur me retenait comme une main refermée sur ma gorge. Je décidai d'attendre le retour de Suzanne. J'attendrais même le retour de ses parents s'il le fallait. Rien ne me ferait quitter la noirceur de la chambre pour une autre noirceur inconnue.

Le temps passait. Je tendais l'oreille et mes nerfs frémissaient à la vision d'ombres imaginaires. J'entendis alors le bruit d'un pas traînant sur les marches du bas. Était-ce Suzanne? Il fallait que ce soit elle, mais les pas me semblaient trop lourds, trop calculés. Mon coeur se mit à battre très fort et j'eus peur de perdre l'esprit dans les recoins les plus sordides de mon imagination. Je tremblais de terreur.

Soudainement, je sus ce que je ferais. La robe de chambre de velours au col de fourrure! J'attendrais que la porte s'ouvre puis je rejoindrais la personne et lui toucherais le cou. Si je sentais le col de fourrure, je saurais que c'est bien Suzanne et je lui ferais peur à mon tour. Si je ne sentais pas la fourrure... eh bien, je ne saurais pas quoi faire.

Les pas avaient atteint en traînant la deuxième partie de l'escalier. Je forçai mes jambes à me conduire vers la porte.

J'avais la chair de poule en entendant les pas se rapprocher de la chambre. Je m'enlaçai de mes deux bras. La porte s'ouvrit en grinçant doucement. Je tendis les bras en avant et espérai.

Mes doigts se refermèrent sur le col de fourrure épaisse. Soulagée, je voulus toucher la figure de Suzanne. Je n'avais plus l'intention de lui faire peur ; mais quand mes doigts s'éloignèrent de la fourrure, ils ne rencontrèrent que le vide... le vide encore chaud de ce corps décapité...

LE RUBAN DE VELOURS NOIR

Le vieil homme avait condamné une pièce dans sa maison. Rien n'avait changé dans cette chambre depuis des années. Une couche de poussière recouvrait tous les meubles et la chose sur le plancher près du lit.

L'homme avait été célibataire une bonne partie de sa vie, puis, à 40 ans, il l'avait rencontrée : la fille au ruban de velours noir. Elle était belle, d'une beauté étrange, mystérieuse. Ses cheveux, ses yeux profonds étaient aussi noirs que le ruban autour de son cou. Il décida de la marier avant que la pleine lune ne se lève dans le ciel d'automne.

Le matin des noces, il la regardait s'avancer vers lui dans la grande allée de l'église. Elle était toute blanche. Son voile, sa robe et son bouquet étaient blancs. Même son visage semblait taillé dans l'ivoire. Mais il y avait ce fameux ruban noir autour de son cou pâle. Les invités le regardaient d'un air à la fois curieux et choqué. Il le regardait aussi mais quand son regard accrocha le sien, il eut l'impression de plonger dans un gouffre sans fond.

Tout le monde s'amusa bien le reste de la journée et si quelqu'un pensa ou dit que sa nouvelle épouse était un peu étrange, personne ne le lui répéta. Il oublia donc le ruban, mais le soir, enfin seul avec elle, il le vit, encerclant toujours son cou gracieux.

— N'enlèves-tu jamais ce ruban autour de ton cou ? lui demanda-t-il.

— Tu serais bien désolé si je l'enlevais, répondit sa femme, alors je ne l'enlève pas.

Sa réponse le troubla un peu mais il n'alla pas plus loin. Elle aurait bien le temps de changer.

Leur vie ensemble était merveilleuse. Ils étaient heureux comme la plupart des nouveaux mariés. Elle était parfaite… enfin presque. Même si elle possédait une telle quantité de robes qu'elle pouvait en mettre une différente chaque jour, elle ne changeait jamais son ruban de velours noir. Ce ruban était devenu le point névralgique de leur mariage. Il la regardait, il voyait le ruban ; il l'embrassait, il sentait le ruban lui enserrer la gorge.

— Ne pourrais-tu pas enlever ce ruban autour de ton cou, s'il te plaît ? lui demandait-il, de temps à autre.

— Tu serais bien désolé si je l'enlevais, alors je ne l'enlève pas.

Elle lui servait toujours la même réponse.

Au début, il en était un peu contrarié, puis irrité et finalement carrément furieux.

— Tu serais bien désolé si je l'enlevais,

— Tu serais bien désolé si je l'enlevais…

Un jour, il essaya d'arracher le ruban après qu'elle lui eut répondu comme un robot sa sempiternelle réponse. Il s'aperçut alors que le ruban n'avait ni début, ni fin. Il encerclait son cou comme un collier d'acier.

Les choses ne furent plus pareilles à partir de ce moment-là. Il s'éloigna d'elle, dégoûté.

Au petit déjeuner, le ruban noir semblait se moquer de lui, son café en devenait amer. Il endeuillait ses après-midi mais c'était pire le soir. Il ne pouvait plus supporter cette situation.

— Ou tu enlèves ce ruban, ou je pars, dit-il un soir à sa femme, quatre semaines après son mariage.

— Tu serais bien déçu si je l'enlevais, alors je ne l'enlève pas, lui répondit-elle encore, plongeant dans le sommeil, souriante.

Mais lui ne s'endormit pas. Il resta étendu, fixant le ruban détesté. Puis, il sut quoi faire. Si elle ne voulait pas enlever ce ruban, il le ferait à sa place.

Il se leva et se dirigea à tâtons jusqu'à sa boîte de couture. Elle y gardait de tout petits ciseaux aux lames assez minces pour pouvoir les glisser entre le cou et le ruban.

Attrapant les ciseaux d'une main tremblante, il retourna doucement vers le lit. Il se tint au-dessus d'elle, endormie et innocente. Le mouvement de sa respiration faisait à peine bouger le ruban. Il se pencha et, d'un mouvement vif, il força une des lames sous le ruban, puis d'un coup de ciseaux triomphant, il le sectionna.

Le ruban de velours noir se détacha du cou de la jeune femme... sa tête roula sur le lit et tomba sur le plancher...

Elle murmurait :

— Tu serais bien désolé, tu serais bien désolé...

LE PENSIONNAIRE

Étendu dans le noir, le garçon écoute. Dans la chambre d'à côté, le pensionnaire se prépare pour la nuit. Le garçon l'entend se brosser les dents, se gargariser et s'asperger d'eau la figure. Ces bruits le font grincer des dents. Il déteste le pensionnaire.

Les deux partagent le dernier étage de cette petite maison d'un quartier pauvre de la ville. Les parents du garçon ont pris un pensionnaire afin d'arrondir leurs maigres revenus. Le garçon utilisait tout l'étage auparavant. La chambre d'à côté lui servait de salle de jeu.

Le pensionnaire prépare son lit ; il l'entend secouer son oreiller. Puis les ressorts grincent quand il s'étend. Le garçon se demande si l'homme se sent espionné, s'il se doute que chacun de ses mouvements est connu. Le déclic de la lampe lui parvient à travers les murs trop minces. Le pensionnaire est couché et il écoute le garçon à son tour.

C'est un jeu d'attente. Le garçon sait que le pensionnaire sort toutes les nuits, le vendredi. Cette nuit, il veut le suivre, où qu'il aille.

Le garçon ne bouge pas. Il a appris à ne faire aucun bruit. Ça l'ennuie de savoir que le pensionnaire puisse l'entendre aussi bien que lui. Il a donc commencé à marcher et à se déplacer dans sa chambre et dans son lit comme un chat.

Maintenant, plus aucun autre bruit que les ronflements assourdis. Le garçon déteste ces ronflements. Il déteste aussi son rire sournois et la façon dont il regarde sa mère au déjeuner. Il déteste aussi la corvée de cirage de ses chaussures et celle d'aller faire ses commissions, et, plus que tout, il déteste son argent dont ses parents ont tant besoin.

C'est l'argent qui tient le garçon éveillé dans son lit. Personne ne sait où le pensionnaire gagne son argent, ni où il passe ses journées. On ne pose pas de questions quand le loyer de chaque mois arrive un peu en avance. Le garçon combat donc le sommeil car il veut suivre le locataire et connaître son secret.

Les secondes passent lentement dans le noir. Le garçon sait que le pensionnaire fait semblant de dormir et qu'il se lèvera bientôt.

On entend alors les craquements du matelas. Le garçon tend l'oreille. Le pensionnaire écrase les ressorts sous son poids, puis plus rien. Il est levé, il s'habille.

Le garçon sort de son lit et s'habille lui aussi sans un bruit. Sur la pointe des pieds, il se dirige vers la fenêtre et s'écrase contre le mur. Il est prêt.

L'autre fenêtre s'ouvre en laissant passer deux jambes qui connaissent bien leur chemin. Elles disparaissent de la vue du garçon. Un son mat lui apprend que l'homme est passé du balcon au toit au-dessus de lui.

Comme le pensionnaire, le garçon ouvre sa fenêtre, enjambe le rebord et se retrouve sur le petit balcon. Il risque de se faire voir mais il ne veut pas le perdre de vue.

S'aidant du tuyau d'écoulement et de la gouttière, le garçon monte vers le toit. Il lève les yeux: l'homme est à 6 mètres de lui, scrutant les toits alentour. On peut lire l'impatience dans ses yeux. Il porte un crochet reluisant à sa ceinture et un rouleau de corde pend sur son épaule.

Le garçon se cache vite sous le rebord du toit. Après avoir entendu l'homme s'éloigner, il jette un regard à la dérobée. L'homme a sauté sur un toit voisin. Ceux-ci sont espacés de un mètre et l'homme passe facilement d'un à l'autre.

Il fait noir. La lune est cachée par les nuages. Le garçon se hisse sur le toit et rampe jusqu'à la cheminée. Trois maisons plus loin, l'homme marche vers l'est. Il doit le suivre assez vite pour ne pas le perdre et assez lentement pour ne pas être vu. Il doit sauter d'un toit à l'autre mais la vue du trottoir de ciment 12 mètres plus bas l'hypnotise. Il se sent malade un moment puis, d'un bond, il atterrit sur l'autre toit. Un peu de bruit fait se retourner le pensionnaire mais le garçon est aplati sur le toit goudronné. Il continue son chemin et saute sur un autre toit.

Le garçon atterrit plus doucement. Personne ne l'entend. Ça devient un jeu de saute-mouton: le pensionnaire saute, le garçon saute, trois maisons plus loin. Il ne regarde plus les espaces noirs entre les toits. Il est excité par la poursuite.

Au bout de la série de petites maisons, l'homme tourne à gauche et traverse les toits vers le nord. Ils sont maintenant sur les toits collés des magasins de la rue principale.

Le garçon court derrière une cheminée et s'y accroupit. L'homme s'est arrêté. De son bras étendu, il semble compter les toits, puis d'un pas assuré, il s'en va. Le garçon suit lentement, penché, se cachant d'une cheminée à l'autre.

Soudainement, le pensionnaire s'arrête devant une cheminée. Le corps du garçon se fige, sans mouvement, et s'élance ensuite derrière une autre cheminée. Il observe l'homme. Celui-ci déroule sa corde et en attache un bout autour de la cheminée. Il jette alors le reste du rouleau dans la cheminée. Après quelques secondes, un bruit mat sort d'entre les briques.

Le garçon s'est assis, observant attentivement. Son esprit fonctionne très vite car il connaît maintenant le secret du pensionnaire.

Le crochet luit dans la terne clarté de la lune. L'homme le fixe sur le bord de la cheminée, puis comme la lune brille entre deux nuages, l'homme descend par l'ouverture. Quand sa tête disparaît, le garçon approche vite. Il s'assoit face à la cheminée où est attachée la corde. Il écoute.

Des grognements s'échappent de l'ouverture. L'homme travaille fort pour descendre le long de la corde. Le garçon a tout compris. L'homme cherche un vieux foyer. Il peut alors entrer dans un magasin, le dévaliser puis remonter par la corde. Il ne peut y avoir de feu possible par cette chaude nuit d'été.

Ces grognements dégoûtent le garçon. Il déteste

encore plus l'homme maintenant qu'il connaît son secret. Ses yeux tombent sur la corde. Le noeud est devant lui.

Il touche le noeud ; ce n'est pas un noeud très solide. Il commence à défaire la partie libre de la corde en pensant à la stupidité de cet homme. Il défait le premier noeud en pensant à la façon dont le pensionnaire regarde sa mère. Il passe enfin le bout de la corde dans le dernier noeud en pensant au temps où les deux chambres lui appartenaient. Le noeud défait, la corde se met à glisser le long de la cheminée, puis elle disparaît dans le trou. Quelques secondes plus tard, le garçon entend un cri effrayé suivi d'un bruit sourd. Il est tapi sur le toit. Il sait que l'homme est tombé. Il pense qu'il a atterri sur le fond scellé d'une cheminée. Il est peut-être mort.

Mais il entend les gémissements de l'homme qui s'efforce de remonter le puits de la cheminée. Il l'écoute jusqu'à ce que la voix se change en panique folle.

Il court alors à travers les toits de magasin et ceux des maisons en sautant de l'un à l'autre jusqu'à celui de sa maison. Il glisse par le tuyau jusqu'au balcon et de là, par la fenêtre dans sa chambre. Il ferme la fenêtre, se déshabille et se couche.

Six années ont passé. Trois autres pensionnaires sont venus et repartis. Le garçon a maintenant 18 ans et il loue la chambre du haut à son tour. Ses parents ne lui ont jamais demandé où il prenait son argent. Il blague en disant qu'il travaille de nuit.

Un matin, à la table du déjeuner, son repas et un journal l'attendent. Sa mère lui accorde maintenant l'attention qu'elle donnait autrefois aux divers pensionnaires de la maison. Il lit les titres du journal en sirotant son café. Un entrefilet attire son attention. Le garçon lit lentement et tout le temps ses doigts travaillent inconsciemment... ils refont les gestes de défaire un noeud.

CORPS TROUVÉ DANS UNE CHEMINÉE

17 septembre - Des hommes ont découvert hier les restes d'un corps dans une vieille cheminée condamnée. Le coroner pense que l'homme était mort depuis au moins cinq ans. Les autorités croient qu'un cambrioleur se serait coincé dans la cheminée en essayant de voler une bijouterie. Aucune identification n'est possible à cause de la décomposition du cadavre. Les seules choses trouvées avec le corps sont un crochet d'acier et une vieille corde.

LES DIX GRIFFES

Il y a de cela très longtemps, un monstre hantait un petit village. Ce monstre n'avait jamais été vu, ni entendu ; aucune trace, aucune évidence. La seule preuve de son existence: ses victimes.

Toutes avaient été tuées de la même façon: dix trous dans le cou. Au début, le monstre ne s'était attaqué qu'aux petits animaux. Un matin, un fermier trouva trois de ses moutons saignés à blanc. Puis trois chiens subirent le même sort, portant toujours les mêmes marques étranges au cou.

Des rumeurs circulaient. Tout le monde connaissait le sort des animaux mais personne ne pouvait l'expliquer. Ensuite un jeune veau fut trouvé mort, vidé de son sang, la veine jugulaire piquée de dix mystérieux trous. Après cela, les hommes commencèrent à s'armer. On mettait le fusil à côté du lit pour la nuit. On enfermait les animaux dans les granges.

L'hystérie s'empara du village. On devint méfiant. Les gens se regardaient d'un oeil suspicieux.

Puis arriva ce que tout le monde redoutait. Le monstre s'attaqua à un humain : Édouard Rolland, l'ivrogne du village, fut trouvé mort un matin, le cou marqué de dix trous. Il était mort de la même façon que les moutons, les chiens et le veau : saigné à blanc. On était inquiet, non qu'on tienne tant à Édouard mais

21

bien que le monstre ait de l'appétit pour les humains. Tous pouvaient être sa proie.

Les hommes du village s'organisèrent en groupes de vigile et élirent Robert et Jean Harmon, deux frères, responsables des groupes de surveillance. Ils vivaient à la limite du village, près de la forêt, abri présumé du monstre. Ils connaissaient bien la technique du monstre, mais ne pas savoir contre qui ils luttaient rendait les choses difficiles.

Après cette première réunion, Robert et Jean discutèrent avec leur père d'un plan de défense. La vieille grand-mère était assise près du foyer, enveloppée de son châle noir.

— Nous devons commencer notre surveillance ce soir, dit Robert d'une voix basse.

— Tu as raison, acquiesce son frère. Cette chose, quelle qu'elle soit, se manifeste toutes les cinq nuits et il y a déjà cinq nuits qu'Édouard est mort.

— Vous m'avez l'air braves les garçons, dit le père, mais rappelez-vous que c'est dangereux. Cette chose attaque sans avertissement. Comment saurez-vous ce que vous guettez?

Le père s'arrêta et regarda sa vieille mère.

—Ils doivent être prudents, n'est-ce pas Mémé?

La vieille leva les yeux vers son fils, fit quelques mouvements tremblottants des lèvres puis retomba dans son mutisme. Les hommes retournèrent à leur conversation. Ils n'avaient pas vraiment espéré une réponse de la grand-mère dont l'esprit était en déroute depuis des années.

Robert établit son plan :

— Jean et moi allons nous installer avec nos fusils à la lisière du bois. Nous nous mettrons de chaque côté du chemin qui conduit au village. Si le monstre vient ce soir, il devra passer par là.

— Et quelle protection aurez-vous? s'inquiète le père.

— Chacun de nous deux sera le protecteur de l'autre. Nous serons à portée de fusil, dos au village pour faire face à la forêt... et au monstre, dit Robert.

— Quelqu'un doit le faire papa, dit Jean. Nous ne pouvons rester assis et attendre qu'il nous tue tous, un à un.

Le père se leva, marcha un peu autour de la pièce et leur serrant la main à tous les deux :

— Revenez-moi vivants, leur dit-il d'une voix étouffée.

Ils ramassèrent chacun leur fusil, Robert décrocha une machette du mur et après avoir embrassé la grand-mère, ils sortirent.

La nuit était noire comme un four. Un mince croissant de lune pendait à l'ouest. Ils marchèrent vers la forêt.

Jean soupira :

— Je me demande à quoi ça ressemble?

— J'y ai pensé, dit Robert. Ça pourrait être un oiseau géant qui plonge vers toi et te plante ses griffes dans le cou.

Ils regardèrent le ciel. Les nuages avaient caché le pauvre quartier de Lune. Cela serait difficile de voir une ombre descendre.

— Moi, j'ai pensé que ça pourrait venir de sous la terre comme une belette géante qui sortirait d'un tunnel derrière toi, dit Jean doucement.

Les deux frères sentirent un frisson courir sur leurs nuques. Ils se retournèrent lentement et regardèrent derrière eux. Pendant plusieurs minutes, ils restèrent immobiles dans le noir, paralysés par leurs horribles pensées.

— Nous devons prendre nos places, dit Robert. Rappelle-toi de rester à portée de fusil.

Ils allèrent, chacun de leur côté, s'arrêtant au bout de 20 pas. Robert arma son fusil et ficha sa machette dans la terre meuble à ses pieds. Il attendait. Plus loin, à 40 pas, Jean maniait maladroitement son fusil, les mains tremblantes. Pourrait-il seulement s'en servir s'il en avait besoin? Il aurait bien voulu voir son frère, mais il faisait trop noir.

Jean se tourna pour voir le village. Il aurait voulu être à l'abri, à la maison. Il entendit soudain une branche craquer dans son dos. Il fit face à la forêt mais il ne vit ni n'entendit plus rien. Il se détendit, s'appuyant sur son fusil. Il somnolait presque. Il sentit alors les dix griffes se planter dans son cou.

Robert entendit le cri terrifiant que poussa son frère. Il attrapa son fusil et sa machette et se précipita

24

dans cette direction. Il ne voyait rien mais il entendit tout près la voix étouffée et désespérée de Jean :

— Vite, donne un coup de machette derrière, là où tu entends ma voix... dépêche-toi.

Robert abandonna son fusil et prit sa machette à deux mains. Il la balança au-dessus de sa tête et la laissa retomber. Elle tailla quelque chose avant de retomber sur le sol.

Jean s'arrêta subitement de gémir. Robert pensait l'avoir tué mais il l'entendit balbutier faiblement. En même temps, il perçut un bruit de fuite comme un rat géant détalant sur les feuilles mortes. Il ne voyait rien.

Il s'accroupit sur le sol près du corps de Jean. Se plaignant encore, Jean prit la main de son frère et la mit sur son cou. Robert se contracta quand il toucha une main sans vie, garnie de griffes pointues et tranchantes. Il l'avait sectionnée avec sa machette mais elle était toujours accrochée dans le cou de Jean.

Robert l'arracha vite, fit un pansement sommaire avec son mouchoir, puis transporta son frère au village, abandonnant la main inerte sur le sol.

Leur père les attendait à la porte. Il avait entendu les cris de Jean. Il sanglotait de joie maintenant qu'il les voyait vivants tous les deux. Ils couchèrent Jean et nettoyèrent ses plaies. Il avait été sauvé de justesse. Robert pensait au monstre, souhaitant qu'il meure des suites de la blessure qu'il lui avait infligée.

Tout ce temps, personne n'avait remarqué que la grand-mère avait quitté sa chaise près de l'âtre. Personne non plus ne l'avait vue revenir par la porte arrière et s'asseoir à nouveau à sa place. De son poste, elle regardait Robert et Jean.

Personne n'entendit le sifflement sortir de ses lèvres ridées et personne ne vit le moignon sanglant qu'elle cachait sous son châle noir.

LE CASSE-TÊTE

On pouvait à peine la remarquer, toute couverte de poussière, sur le rayon le plus élevé d'une vieille bibliothèque. Lisa voulait la voir. De toutes les choses disparates de cette boutique de brocanteur, c'était celle qui l'attirait le plus. Elle était passée à travers un tas de vieux livres, revues et cartes postales. Rien ne l'intéressait vraiment sauf cette vieille boîte hors d'atteinte.

Elle cherchait le propriétaire mais il était plus loin, derrière. Elle attrapa un escabeau et l'ouvrit devant la bibliothèque. Il branlait un peu sur les planches inégales mais elle atteignit quand même la marche du haut.

Lisa tâtonnait sur la surface de la tablette, cherchant la boîte. La poussière était épaisse et grumeleuse. Elle toucha enfin la boîte de carton. Celui-ci était froid et doux d'être resté si longtemps dans une pièce humide. Elle la souleva lentement, cherchant à garder son équilibre.

Le côté de la boîte arriva à la hauteur de ses yeux. Elle lut :

500 pièces

Elle souffla la poussière accumulée sur le couvercle et une odeur de moisissure se répandit autour d'elle. Elle pouvait maintenant lire quelques mots :

Le plus étrange
casse-tête
du monde

Il y avait bien d'autres mots, mais ils avaient été effacés. L'image avait été endommagée d'une curieuse façon. Lisa pouvait y voir une alternance de zones sombres et de zones claires. Ça pouvait faire penser à une chambre mais presque tout avait été déchiré avec un instrument tranchant.

Plus mystérieux encore, le casse-tête avait plus d'attrait pour Lisa. Elle voulut l'acheter. Le couvercle était bien fixé à la boîte : les morceaux devaient tous y être. Lisa était satisfaite.

Monsieur Tuborg, le marchand, revint de la pièce arrière alors qu'elle approchait du comptoir. Il regarda la boîte.

— Où avez-vous trouvé cette boîte ? lui demanda-t-il.

Lisa pointa le doigt vers l'escabeau.

— C'était sur le dernier rayon de cette bibliothèque. On pouvait à peine la voir d'en bas.

— Je suis sûr de ne l'avoir jamais vue avant, dit Monsieur Tuborg. Je ne comprends pas ça.

Lisa était encore plus contente de sa trouvaille, assurée que le casse-tête avait attendu qu'elle le découvre. Elle paya les 25 sous demandés puis emballa la boîte dans du papier journal.

C'était un samedi en fin d'après-midi. Lisa vivait seule dans une petite chambre d'un vieil appartement.

Comme elle n'avait rien à faire ce soir-là, elle décida de commencer son casse-tête. Elle acheta de quoi se préparer un souper rapide qu'elle mangerait tout en faisant son casse-tête.

Aussitôt arrivée à sa chambre et débarrassée de ses achats, elle nettoya une grosse table au milieu de la pièce et y installa la boîte.

Le plus étrange
casse-tête
du monde

Elle relut encore ces mots. Que voulaient-ils dire? Comment un casse-tête pouvait-il être étrange?

Lisa prit un couteau pour détacher le lien attachant le couvercle à la boîte. Ça sentait le moisi. Les morceaux semblaient en bonne condition. Elle en prit un au hasard. Les couleurs étaient un peu passées mais l'image était encore claire. Elle pouvait y voir la forme d'un doigt, comme un doigt de femme.

Lisa s'installa et commença par mettre tous les morceaux à l'endroit sur la table en séparant les morceaux à bord droit du contour de ceux de l'intérieur. Elle reconnaissait certaines choses dans quelques-uns des morceaux : des cheveux blonds, le carreau d'une fenêtre, un petit vase. Il y avait beaucoup de pièces de boiseries et d'autres de papier peint. Celui-ci ressemblait à la tapisserie de sa chambre. Elle se demanda même si sa tapisserie était aussi vieille que le puzzle. Quelle coïncidence si c'était la même !

Il était maintenant dix-huit heures trente. Elle se leva et se fit un sandwich. Elle avait un peu mal au dos d'être toujours penchée mais elle ne pouvait s'arrêter. Elle voulait en voir la fin. Elle continua donc, son sandwich près d'elle.

Elle commença à séparer les pièces par couleur. Il y avait les pièces brunes, les pièces blanchâtres, les pièces de tapisserie et enfin d'autres qui ressemblaient à de la vitre, peut-être une fenêtre. Tout en mangeant elle assembla la bordure. C'était bien une chambre. Tout un côté était en tapisserie. Elle le fit en premier pour vérifier la ressemblance avec celle de sa chambre.

Elle prit tous les morceaux qui avaient les motifs floraux bleus et lilas. Plus le dessin avançait, plus il devenait évident que la tapisserie du casse-tête et celle du mur étaient identiques. Les yeux de Lisa allaient de l'une à l'autre: c'était bien pareil.

Il était huit heures trente. Lisa s'appuya au dossier de sa chaise: son dos était courbaturé. Elle regarda par la fenêtre : la nuit était noire. Elle se sentait seule et mal à l'aise. Elle se leva et baissa le store blanc.

Elle arpenta la pièce, se demandant quoi faire d'autre. Rien ne l'intéressait. Elle retourna s'asseoir à la table.

Elle s'attaqua au coin inférieur droit du puzzle. Il y avait un tapis et une chaise. Cette partie était très sombre. Elle nota, un peu inquiète, que la chaise avait la même forme que celle dans le coin de sa chambre. Les couleurs étaient cependant différentes. La sienne était marron alors que l'autre, dans l'ombre, était presque noire.

Lisa continuait à assembler les morceaux vers le milieu. Il y avait un peu de tapisserie à finir vers le haut. Le côté gauche était une fenêtre. Au travers était accrochée une demi-lune dans un ciel noir. C'était le bas du casse-tête qui commençait à la tracasser. On pouvait à y voir une paire de jambes croisées sous une table. C'étaient les jambes d'une jeune femme. Lisa se pencha et passa sa main sur une de ses jambes. Elle avait soudainement eu l'impression que quelque chose y grimpait, mais c'était son imagination.

Le casse-tête était aux trois quarts terminé. Seul le milieu était vide. Lisa jeta un oeil sur le couvercle de la boîte :

Le plus étrange
casse-tête...

Elle frissonna.

Elle s'adossa à la chaise. Son dos la faisait souffrir. Les muscles de son cou étaient tendus. Elle pensait abandonner son casse-tête : il l'effrayait.

Elle se leva, s'étira et regarda à nouveau les morceaux sur la table. C'était tellement différent vu de haut. Lisa fut ébranlée par ce qu'elle vit et se mit à trembler.

Sans aucun doute, l'image du casse-tête était celle de sa propre chambre. La fenêtre avait le même angle par rapport à la table ; la bibliothèque était au même endroit contre le mur. Même les pieds sculptés de la table étaient les mêmes...

Lisa leva la main pour éparpiller les pièces. Elle ne

voulait plus finir le plus étrange casse-tête du monde ; elle ne voulait plus savoir ce que cachait le centre.

Mais elle redescendit la main. C'était peut-être pire de ne pas savoir. C'était peut-être pire d'attendre et de se poser des questions.

Lisa s'effondra dans sa chaise. Elle combattit la peur qui l'étreignait. Délibérément, pièce après pièce, elle remplit le vide du milieu du puzzle. Elle assembla l'image d'une table sur laquelle était déposé un casse-tête terminé. Lisa ne pouvait voir ce qu'il représentait. Elle assembla ensuite les morceaux d'une jeune femme assise : la jeune femme qui était elle-même. Son corps se remplit lentement de terreur et de crainte. Tout était dans l'image... le vase remplit de marguerites, son chandail rouge, l'expression de frayeur de sa propre figure.

Le casse-tête était devant elle, terminé, sauf deux petites pièces. C'étaient des pièces sombres qu'elle n'avait pu ajuster dans la région de la fenêtre. Lisa regarda derrière elle : le store était tendu devant la fenêtre. Soulagée, elle pensa que l'image n'était pas vraiment semblable à sa chambre. Elle montrait une nuit noire et une Lune brillant dans le ciel.

D'une main tremblante, elle prit une des deux pièces et l'inséra dans l'espace vide. Ça ressemblait un peu à la moitié d'une tête, mais pas celle d'un humain. Elle prit l'autre, elle la pressa dans le dernier petit trou de l'image.

La face était complète : celle de la fenêtre du casse-tête. C'était plus horrible que tout ce qu'elle avait pu voir ou imaginer. Lisa regarda sa propre image puis celle de cette face.

Elle se retourna vivement. Le store n'était plus devant la fenêtre. On voyait la nuit par le carreau. Une demi-lune était accrochée dans un ciel noir.

Lisa hurla… la face… elle était là, aussi.

LA FACE

Cette histoire se passait vers 1849 à l'époque de la ruée vers l'or en Californie. Trois hommes s'étaient abrités dans une petite cabane pour la nuit. Ils se réchauffaient autour d'un bon feu. Le vent soufflait et gémissait dans le canyon. De temps à autre, un coyote hurlait.

Ces hommes étaient amis. Ils avaient partagé les espoirs et les déceptions de la prospection de l'or. Ils passaient leur dernière nuit dans les montagnes avant de rejoindre San Francisco pour y trouver du travail. Ils étaient tous fauchés.

— Sacrebleu de coyotes, disait Billy.

— Ils ont faim ce soir. Heureusement que nous sommes à l'abri, répondit lentement Jérémie.

Un autre coyote hurlait, beaucoup plus près. Les hommes se regardaient, nerveux.

— Je n'aime pas beaucoup m'installer dans des endroits abandonnés comme celui-ci, se plaignit le troisième homme nommé Dust. Tu ne sais jamais pourquoi les gens sont partis.

Il s'arrêta une minute.

— Et ils ne quittent pas leur place sans une bonne raison.

— Tu peux toujours aller dormir avec les coyotes,

Dust, dit Jérémie en déroulant son sac de couchage.

Le feu baissait. Les deux autres s'installèrent pour la nuit. Tout était silencieux dans la petite cabane. Dehors, le vent et les coyotes continuaient leur mystérieuse symphonie.

Jérémie se réveilla en sursaut. Il ne se rappelait plus où il était. Il regarda autour de lui…la cabane… ah oui… pensait-il, somnolent.

Mais qu'est-ce qui l'avait réveillé ? Il reposa sa tête et ferma les yeux. Puis il l'entendit… la respiration. C'était un halètement vif, excité, arrivant par secousses. Il regarda vers l'âtre où Billy était étendu, endormi.

Le sang se figea dans ses veines. Il voyait la face hideuse d'une vieille femme… elle planait au-dessus du corps de Billy. Les halètements saccadés venaient de la face de cette vieille sorcière. Jérémie pouvait même voir les lèvres s'ouvrir et se fermer sous le souffle.

— Billy ! cria-t-il.

Billy frissonna dans son sommeil. Il se souleva sur les coudes et ouvrit les yeux. Son visage était à six centimètres de la face de la sorcière. Ses yeux s'écarquillèrent d'horreur. Cette face était vieille et ridée. La peau était couverte de cloques d'eau. Ses cheveux étaient dressés comme des serpents sur sa tête. Ses yeux étaient haineux.

Billy ouvrit les lèvres dans un cri perçant. La sorcière prit alors une profonde inspiration. La face disparut au moment où le corps de Billy s'effondra.

— Mon Dieu, dit Jérémie. Il ne croyait pas aux fantômes et il ne parvenait pas à donner un sens à ce qu'il avait vu. Mais ça ne changeait rien. Il réveilla Dust d'un coup de pied puis il courut à Billy. Il était bel et bien mort.

— Nous devons partir d'ici, Dust, cria Jérémie. Billy est mort... la face... une face de sorcière... Je ne sais plus, un fantôme ou autre chose.

Dust était toujours couché dans son sac de couchage, regardant Jérémie d'un oeil soupçonneux.

— Tu as craqué Jérémie ? demanda-t-il.

Mais il se tut vite. Il venait de comprendre. La face se matérialisait devant lui. Encore une fois, la cabane était remplie du bruit de cette respiration.

La figure de Dust se transforma sous l'horreur de la vision.

— Laisse ta bouche fermée, avertit Jérémie.

Trop tard! Dust ouvrit la bouche dans un cri. La vieille sorcière souffla la mort par ses lèvres desséchées puis disparut.

Jérémie avait reculé jusqu'au mur en regardant ses deux amis morts. Un coyote fracassa le silence d'un hurlement affamé.

Jérémie courut jusqu'à la porte. Quelques centimètres seulement le séparaient de la liberté quand la face lui apparut. Ses jambes se raidirent sous la peur et sa main se paralysa sur le loquet de la porte.

Les yeux de la vieille femme le regardaient dans les yeux. Il voyait bien les cicatrices et les rides, il sentait sa respiration sur sa propre figure. Il suffoqua, le souffle bloqué dans les poumons. Il gardait désespérément la bouche fermée en pensant à ses deux amis.

Il se jeta à côté de la porte, l'ouvrit et la balança dans la face hideuse. Elle disparut. Jérémie attrapa son fusil et courut vers le canyon. Il courut jusqu'à ce que ses poumons soient près d'éclater, jusqu'au petit matin.

Il s'écroula sur une roche plate, épuisé. Pour la première fois depuis sa fuite de la cabane, il tenta de rassembler ses idées éparpillées. Billy et Dust étaient morts, tués par une chose inconnue. Jérémie voyait toujours la face dans sa tête. Qu'était-ce? Le fantôme de la femme d'un prospecteur voulant assouvir une vengeance? Un diabolique esprit laissé par les Indiens qui avaient été forcés de quitter les montagnes à cause de la ruée vers l'or? Ou était-ce la face que pouvait revêtir la mort elle-même? Et maintenant qu'il l'avait vue, y avait-il une fuite possible?

Jérémie s'aperçut soudain de la précarité de sa situation. Quelqu'un trouverait les corps de Billy et Dust et il serait accusé de leurs meurtres. Personne ne croirait cette histoire de face de sorcière mais penserait plutôt qu'il avait tué ses amis pour de l'or.

Pendant un moment, Jérémie pensa qu'il était devenu fou, puis il se rendit compte qu'il n'y avait qu'une façon de s'en tirer : sortir de cette région, vite, avant qu'on découvre les corps de Billy et de Dust.

Très loin, il vit la traînée de poussière que faisait la diligence. Elle venait vers la montagne. C'était la solution rêvée : il prendrait la diligence pour sortir du territoire. Bondissant sur ses pieds, il courut vers le chemin plus bas. Le temps de reprendre son souffle et la diligence s'arrêtait.

— Montez, il y a de la place, lui dit le postillon.

Il grimpa à l'intérieur. Une jeune femme occupait déjà un siège. Elle était jolie. Il pensait à sa chance d'avoir échappé à cette horrible respiration de mort et d'être maintenant assis devant une charmante jeune fille.

La jeune fille, se sentant observée, lui sourit timidement. La diligence se balançait doucement d'un côté à l'autre. Le corps tendu de Jérémie se relâcha. Il pensait que tout pouvait s'arranger et il sombra dans le sommeil.

Il se réveilla subitement, le coeur battant. Il ne se rappelait plus où il était. La diligence, oui, la diligence, pensait-il, encore assoupi. Pourquoi s'était-il réveillé ?

Puis il l'entendit... la respiration, rapide, agitée, haletante. Jérémie vit la jeune fille le regardant fixement ; il vit ses lèvres s'ouvrir et se fermer à chaque respiration.

Le regard de Jérémie devint sauvage. La respiration se faisant plus forte, il se blottit dans le coin de la diligence. Il regardait dehors, désespéré. Le conducteur s'aventurait dans un virage serré en haut d'une falaise, au-dessus du canyon.

Il regarda encore la femme qui le fixait toujours. Sa respiration bruyante remplissait la diligence.

— Non, se plaignit Jérémie doucement.

— Y a-t-il quelque chose qui ne va pas? demanda la jeune fille en venant s'asseoir près de lui.

Jérémie reculait sur la porte. Il la guettait car elle levait la main vers son front. Il sentait sa respiration sur sa figure.

— Non! hurla Jérémie en ouvrant la porte et en sautant à l'extérieur. L'écho de son cri s'étira alors que son corps culbutait sur la falaise escarpée.

Puis la jeune fille n'entendit plus rien. Elle sanglotait, terrifiée. C'était son premier voyage dans l'Ouest et cet homme qui s'était précipité vers la mort… elle ne l'avait jamais vu.

LE MIROIR

Hugo Hoogen vit seul. Il n'a ni famille, ni amis, ni même un petit animal. Du lundi au vendredi, il travaille comme comptable dans un bureau. Tous les jours, il additionne des colonnes de chiffres. Toutes les deux semaines, il fait les chèques de paye des employés de la compagnie. C'est d'ailleurs son seul contact avec les employés : leur nom écrit sur un chèque.

Hugo passe ses fins de semaine seul. Le samedi, il regarde la télévision et il lit attentivement tout ce qu'il a reçu par la poste durant la semaine ; le dimanche, il lit les journaux et prend une marche. Ça ne l'embête pas de vivre seul. Il n'aime pas les gens de toute façon et un indice lui fait savoir quand il a été seul trop longtemps : sa voix sonne comme celle d'un étranger. Il se fait alors un devoir d'aller manger au restaurant. Il pose des questions à la serveuse et écoute la conversation de ses voisins de table. Ça lui fait du bien.

Un lundi matin, il est debout dès sept heures trente comme tous les matins. Il a passé un long week-end de trois jours, seul à la maison, la température ne lui permettant même pas de sortir prendre de l'air. Il a donc lu les journaux et regardé la télévision.

Hugo ne se sent pas en grande forme. Il grogne tout en sortant maladroitement de son lit et sa tête est faible comme après une bonne cuite. Il va à la salle de bains. Il tourne l'eau froide et s'asperge la figure. Il se sent toujours aussi étrange.

Après qu'il se soit bien asséché, il se regarde dans le miroir comme il le fait tous les matins. Ce matin, il s'attarde. Ses pensées sont confuses et ce qu'il voit n'a aucun sens. Il se regarde longuement les yeux, le nez, la bouche, le front. Plus il se regarde, plus il a l'impression de regarder la figure d'un étranger. « Ce n'est pas moi, pense-t-il. Ça ne peut pas être moi ». Mais il bouge la tête de haut en bas et la réflexion du miroir bouge aussi de haut en bas.

Hugo ferme les yeux, secoue la tête de tous les côtés, puis il se regarde à nouveau dans le miroir. La figure de l'étranger est toujours là, le regardant fixement.

« Mon Dieu ! » dit Hugo. Il tâte sa figure. C'est bien comme avant. Il a vite besoin de savoir s'il est toujours le même. Il court à la penderie : ses vestons sont tous bien suspendus en ordre de couleur. Il ouvre un tiroir de la commode : son portefeuille est là avec un permis de conduire à son nom. Il soupire de soulagement.

Il se regarde à nouveau dans le miroir au-dessus de la commode. L'étranger le regarde toujours.

— Ce n'est pas moi, dit Hugo d'une voix tremblante. Je n'aime pas ça.

Il met un habit qu'il a mis une centaine de fois : il se sent en sécurité. Dans la cuisine, il se prépare un café et un bol de céréales. L'image déformée de l'étranger lui apparaît à l'envers dans la cuillère.

— Je n'aime pas ça, répète Hugo.

Il pense soudain à une façon de prouver que ce n'est pas lui : une photo ! Il doit avoir une photo de lui. Mais personne n'avait jamais pris sa photo. Il se met à trembler. Comment prouver qu'il n'est pas l'étranger du miroir?

Il est huit heures quinze. Il doit être à son bureau dans 45 minutes et il ne sait plus quoi faire. Il ne peut arriver là, ressemblant à quelqu'un d'autre, mais il ne peut pas non plus rester à la maison. C'est le 15 du mois et les employés attendent leurs chèques aujourd'hui.

Hugo prend soin de ne pas se regarder dans aucun miroir avant de sortir de la maison. En fermant sa porte, une voisine, madame Renault, le salue.

— Bonjour, monsieur Hoogen.

Il lui répond et comprend soudain qu'il ressemble bien à son image d'avant pour elle. Il veut presque retourner à l'appartement pour se regarder dans un miroir, mais il se rappelle qu'il y en a un dans l'autobus.

Il se rend à l'arrêt d'autobus en fredonnant. Il se sent mieux. L'autobus s'arrête et Hugo y monte. Tout en payant son passage, il se regarde dans le miroir et, horreur ! c'est toujours l'étranger qui lui apparaît.

Hugo s'effondre sur un siège et garde les yeux fermés tout le reste du trajet. Les quelques fois où il ouvre les yeux et regarde par la fenêtre, il y voit toujours l'étranger.

À neuf heures, Hugo est assis à son pupitre. Il attend que quelqu'un le remarque, mais les femmes qui travaillent dans le même département que lui n'y prêtent pas plus attention que les autres jours.

Hugo sent qu'il va devenir fou. Quatre fois, il va à la salle de toilette pour se regarder dans un miroir. Il ressemble toujours à un étranger et personne ne l'a remarqué !

Il va directement au lit en arrivant à la maison. Il se terre dans sa chambre jusqu'à ce que le sommeil le force au repos.

Le matin, il évite de se regarder dans le miroir mais il doit quand même se raser avant d'aller au travail. Il n'aime pas beaucoup raser la face d'un étranger : ses mains tremblent.

Mardi, mercredi et jeudi matin se passent de la même façon.

Vendredi matin, Hugo se réveille à sept heures quinze et reste au lit, incapable de se lever. Il ne peut continuer à vivre ainsi, avec la face d'un étranger. Il reste au lit pendant une heure, mais la peur de rester seul toute la journée avec cette face inconnue le force à se lever et à partir travailler, même en retard. Il commence à se raser automatiquement puis le rasoir lui échappe. Sa bonne vieille figure est de retour dans le miroir.

Il se palpe : c'est lui. Il a un rire fou : l'étranger est parti, il est enfin lui-même.

Il se dépêche de se raser, de s'habiller et, sans déjeuner, il file au travail.

En refermant sa porte, madame Renault le regarde curieusement et ne lui dit pas bonjour. Hugo est trop heureux pour y prêter attention.

Dans l'autobus, le miroir lui renvoie sa bonne vieille face souriante. Il se regarde sans arrêt dans la vitre, cherchant à se rassurer. C'est toujours lui.

À neuf heures trente, Hugo pousse la porte du service de comptabilité de la compagnie. La réceptionniste l'interpelle mais il ne s'en occupe pas. Il est en retard et veut vite s'installer à son bureau.

Hugo traverse la pièce jusqu'à son bureau dans un coin, y dépose sa serviette et s'assoit. Il remarque que le cliquetis des dactylos s'est tu. En fait, il n'y a plus aucun bruit.

Hugo sourit à mademoiselle Rose qui s'avance vers lui.

— Oui, mademoiselle Rose, dit-il.

Mademoiselle Rose s'arrête à quelques pas de son pupitre.

— Qui êtes-vous? demande-t-elle.

Hugo se met à rire de cette farce. Mademoiselle Rose est vraiment en forme aujourd'hui.

— Pourquoi êtes-vous assis au bureau de monsieur Hoogen? demande-t-elle à nouveau.

Hugo s'arrête de rire. Il regarde mademoiselle Rose dans les yeux. La vérité se fait lentement dans son esprit. Mademoiselle Rose regarde un parfait étranger. Il s'aperçoit soudain qu'elle ne le reconnaît pas. Hugo agrippe son bureau à deux mains.

— Qui êtes-vous? répète mademoiselle Rose.

Mais Hugo ne répond pas. Comme dans une spirale sans fin, son esprit tout entier sombre… dans la folie.

LE CERCUEIL ÉGYPTIEN

Le veilleur de nuit faisait sa ronde dans la section égyptienne du Musée britannique. Il siffla doucement.

— Beaucoup de choses étranges ici, pensa-t-il.

C'était sa première nuit dans cette section. Il était auparavant assigné aux salles vickings.

Il se laissa lourdement tomber sur un petit banc près du mur. Ses yeux injectés de sang examinaient la salle. Il y avait de très grosses sculptures de lions à têtes d'hommes et de grandes murales remplies d'étranges symboles ; il y avait des jarres, des vêtements, des ustensiles et (ce qui l'intéressait surtout) des momies et des cercueils.

— Je vais bien m'amuser ici, murmura-t-il avec un rire qui ressemblait à un caquètement.

Il s'était bien amusé aussi dans les salles vikings : c'était d'ailleurs une des raisons de son changement dans cette aile. Personne n'avait jamais pu prouver quoi que ce soit, mais il était soupçonné. Il s'était amusé à graver un mot dans une vieille pierre viking... et à mettre un mégot de cigarette dans la bouche d'une reproduction de guerrier viking. Il avait fait d'autres choses qui n'avaient pas encore été découvertes.

Il détestait les musées depuis que sa mère l'avait traîné de force dans les dédales de toutes sortes

47

d'expositions. Il n'aimait pas être gardien de nuit dans ce musée, mais que pouvait-il faire d'autre? C'est tout ce qu'il avait trouvé et c'est pourquoi il se désennuyait comme il le pouvait.

Le gardien se souleva péniblement de son banc et commença sa ronde dans la longue pièce. Après quelques pas, il s'arrêta devant une grande peinture murale. Elle était remplie de symboles mystérieux et d'images de personnes à têtes d'animaux. Il y avait une femme à tête d'oiseau, un homme avec une tête de vache et un autre avec une tête de renard. Il y avait aussi un oiseau avec une tête d'homme et une chose monstrueuse à tête de crocodile.

— Ordures, murmura le garde en se penchant pour lire le titre sur une plaque.

— « La Balance du Jugement », lit-il. Sous le titre, ce texte était écrit :

Les Égyptiens pensent qu'à sa mort l'esprit d'un homme passe devant des juges assis dans une grande salle. Ceux-ci lui demandent un compte rendu de sa vie sur terre. Son coeur est alors mis sur le plateau d'une balance, l'autre plateau étant occupé par une plume, symbole de la vérité et de la justice. Si l'équilibre n'est pas atteint c'est que la personne ment : elle est immédiatement dévorée par un monstre à tête de crocodile.

Le gardien finit de lire la plaque sur le mur puis regarda la peinture encore une fois. La balance y était, le coeur d'un côté, la plume de l'autre. Le monstre à tête de crocodile attendait à côté de la balance.

Le garde recula de quelques pas mais ne pouvait détacher ses yeux de la bête. Elle le fascinait.

— Cela vous effraie-t-il?

La voix fit réagir chaque muscle du gros gardien. Il se retourna, faisant face à son interlocuteur. C'était l'assistant du conservateur du musée. Il souriait.

— Je ne voulais pas vous faire peur, dit l'homme d'une voix lente. Je voulais savoir si cette peinture vous effrayait.

L'embarras du gardien se transforma vite en colère.

— Les vieilles choses ne me font pas peur, répondit-il en le regardant d'un air furieux. Pourquoi m'espionnez-vous comme ça?

— Je ne vous guette pas, lui dit le conservateur. Au contraire, je marchais normalement. C'est votre travail d'être vigilant après tout.

Le gardien ne répondit pas. Il bouillonnait de colère.

— D'ailleurs, reprit le conservateur, ce ne sont pas n'importe quelles vieilles choses. Notre musée a une des plus belles collections d'objets égyptiens du monde.

— Ça ne m'intéresse pas, répondit le veilleur de nuit, s'éloignant. Je pense quand même que ce sont des ordures.

La figure du conservateur vira au rouge.

— Faites attention. Nous vous surveillons, vous savez. Si nous n'étions pas à court de personnel, vous seriez congédié.

Le gardien se retourna et dévisagea le conservateur d'un air insolent.

— Faites vraiment attention, continua l'homme. Si vous dérangez quoi que ce soit ici, vous vous en repentirez. Les Égyptiens ont un grand respect pour leurs morts et les malédictions n'ont pas de secrets pour eux. N'essayez pas vos trucs ici.

Le petit homme continuait de discourir tout en se dirigeant vers la porte qui claqua derrière son dos.

Le veilleur recommença sa ronde. Il avait un air renfrogné.

Il commençait à détester toutes ces statues et ces peintures. Les humains à têtes d'animaux semblaient le menacer avec leurs becs, leurs griffes et leurs étranges figures sans expression.

— Faites attention, dit le garde en imitant la voix du conservateur. Ils peuvent bien le reprendre ce travail.

Il s'arrêta devant un cercueil de bois pour tirer une plaquette de gomme de sa poche. À côté du cercueil, un titre : « Cercueil extérieur de la princesse Takheb ». Il avait la forme d'un corps humain. La base du cercueil reposait à plat sur le sol alors que le couvercle décoré était debout au pied du cercueil. Tout en mâchant sa gomme, il examinait les dessins sur le couvercle. Il était couvert de plumes, de figures humaines, de serpents et de symboles inconnus. En haut, il y avait une figure : la figure d'une femme égyptienne aux grands yeux noirs en amande. Le gardien ne pouvait en détacher son regard.

— Aïe !

Il venait de se mordre la langue en mâchant. La douleur le ramena à la réalité, perdu qu'il était dans le regard de cette femme.

Il prit la gomme avec les doigts, cherchant un endroit pour la déposer. En face du cercueil, il y avait la momie de « Pedikhons, fils de Takheb ».

Le gardien regardait la momie de forme humaine enrubannée de minces bandes de tissu jaunâtre. Il ricana puis il colla sa gomme derrière la tête de la momie. Il rit plus fort.

Il arrêta subitement, se sentant observé. Il se retourna : personne, sauf le cercueil. Les yeux du dessin le regardaient comme avant.

Le gardien commença à s'éloigner du cercueil mais il ne pouvait s'empêcher de regarder ces yeux de femme. Ils paralysaient son corps puis les premières sensations de frayeur émergèrent dans l'esprit du gardien. Il se rappela les paroles du conservateur : « Les Égyptiens honorent leurs morts. Les malédictions… faites attention », puis que la momie était le fils de cette femme.

Le gardien tenta de quitter l'endroit où il était. Il jurait. Il tenta d'atteindre le couvercle du cercueil et de le jeter par terre mais il ne le pouvait pas. Il avait l'impression de s'enfoncer profondément dans les yeux noirs. Ces yeux l'attiraient et l'hypnotisaient. Ils étaient comme des puits sans fond creusés dans cette blanche face de mort.

Le gardien se sentit tiré vers le cercueil. Son cerveau s'engourdissait. En arrivant à quelques centimètres du dessin du couvercle, les yeux se fermèrent. Au même instant, il regarda à la base du cercueil. Il était plus grand qu'il ne l'avait d'abord pensé ; il était même assez grand pour pouvoir lui-même s'y coucher.

Le garde s'endormait tellement qu'il s'allongea dans le cercueil rembourré, les bras le long du corps.

Juste avant de s'endormir, il ouvrit les yeux pour voir la figure de la femme peinte à l'intérieur du couvercle. Elle le regardait de ses yeux noirs de vengeance.

Le veilleur de nuit plongea dans des rêves étranges... au moment où le couvercle se referma sur la base du cercueil. Il reposait dans la noirceur, l'hermétique noirceur du tombeau égyptien.

Quelque part, le monstre à tête de crocodile l'attendait.

LA VIEILLE PLANTATION

C'était déjà le crépuscule quand Jonas Éthier s'engagea dans l'allée menant à la plantation. Cette longue allée était bordée de grands cèdres d'où pendaient des lambeaux de mousse espagnole. Le gazon avait cédé la place aux mauvaises herbes. Les couleurs s'éteignaient en même temps que la lumière. Les arbres ressemblaient à des silhouettes, des ombres contre le ciel. Jonas était du Nord et cette atmosphère était nouvelle pour lui.

L'allée bifurqua et la maison apparut. Jonas retint sa respiration quand il la vit. Il avait imaginé une belle maison d'une plantation du Sud comme dans les films d'Hollywood mais elle n'était pas du tout comme ça.

Jonas stoppa l'auto et arrêta le moteur. La maison était grande. Sa longue véranda s'étirait sous de hautes colonnes blanches. Ses nombreuses fenêtres le regardaient comme autant d'yeux. Jonas crut voir une lumière s'éteindre à l'une d'elle mais ça devait être un reflet.

Quelque chose n'allait pas au deuxième étage. Les chambres s'affaissaient sur un côté. On aurait dit que le toit avait été soufflé par de nombreux orages. La maison n'était pas du blanc éclatant des plantations des films mais d'un gris terne. Cette maison se mourait et Jonas était venu pour l'ensevelir.

Il travaillait pour la firme Stanton et Stanton représentant les intérêts de monsieur Major, ancien propriétaire de la maison. La succession était en faillite et Jonas devait faire des plans pour la démolition de la maison et la vente du terrain par un agent immobilier. Même s'il avait été averti que la maison avait une étrange réputation, il avait décidé d'y passer la nuit.

Jonas descendit de l'auto et claqua la porte. Il voulut explorer les lieux dans la lumière du crépuscule. Il suivit un petit sentier de pierres et monta des escaliers détériorés jusqu'à la véranda. Une vieille chaise berçante se balançait doucement sous la brise. La porte s'ouvrit d'un tour de la clé qu'on lui avait remise.

Il entra et fut submergé par une odeur d'humidité. L'air était saturé de l'odeur des ans. Il se demandait depuis combien de temps un autre humain avait pénétré dans la maison.

Jonas passa devant le grand escalier qui menait au deuxième et entra dans un boudoir rempli de meubles poussiéreux et moisis. Le bruit de ses pas se répercutait dans la maison pendant qu'il visitait pièce après pièce : la salle à dîner, la salle de bal, la bibliothèque, la cuisine. En revenant vers l'entrée, il passa devant une pièce où il n'était pas entré. Il ouvrit la porte et y pénétra.

C'était une jolie petite chambre à coucher sobrement décorée. Les draps et les taies d'oreiller n'étaient pas neufs mais propres et l'odeur d'humidité y était absente. Jonas regarda la chambre pendant un moment puis il sourit et alla chercher ses bagages dans l'auto.

Quand il se fut installé, la nuit était tombée. Il n'y avait pas d'électricité mais il vit un petit bout de chandelle sur la table de chevet.

Alors qu'il tâtonnait dans le noir pour allumer, le choeur des criquets entonna son chant aigu. La chandelle allumée, il vit le livre. Il était sur la table de nuit comme si quelqu'un l'y avait laissé pour lui. Le titre : « La Vieille Plantation ». Il le lirait quand il se mettrait au lit.

Avant cela, il voulait retourner prendre l'air sous la véranda. L'air avait changé de consistance. Il ne se sentait plus à quelques kilomètres de la civilisation mais isolé, comme si le temps avait un autre sens autour de la vieille plantation ; les arbres et leurs mousses languissantes se refermant sur la maison, le silence troublé seulement par la respiration des arbres et la musique des criquets. Jonas marchait nerveusement sur la véranda : s'il avait su, il ne serait pas venu.

Il sentit quelque chose de léger sur sa figure. Avant qu'il ait pu s'en débarrasser, le moustique l'avait piqué. Jonas sentit sa tempe enfler sous l'effet de la piqûre. Il retourna dans la maison.

De retour dans la chambre, il se mit au lit, grelottant. La chandelle brûlait toujours. Son regard tomba sur le livre. Il le prit, l'ouvrit au premier chapitre. Il lut :

Cette histoire est celle d'un jeune homme du Nord venant dans le Sud par affaire. Une nuit, il conduit

son auto jusqu'à une vieille plantation. Il décide de
passer la nuit dans la vieille maison, même s'il y est
seul...

Jonas ferma le livre avec bruit et le replaça sur la
table. Il prit sa pipe et l'alluma, les mains tremblantes. Puis, il s'étendit, tirant de longues bouffées de sa
pipe. Il ne pouvait détacher son esprit de l'étrange
coïncidence du livre. Ça le rendait nerveux et curieux.
Il reprit le livre.

Dans l'histoire, le jeune homme s'installe pour la
nuit après avoir pris l'air sous la véranda. Sa figure
est encore enflée d'une piqûre de moustique. Il se
gratte.

Jonas se surprit à gratter la piqûre sur sa propre
figure. Ses mains tremblaient si fort qu'il ne pouvait
plus tenir le livre. Il regarda au plafond. Une coque-
relle rampait très haut sur le mur. Il regarda par la
fenêtre : une lune pâle brillait dans le ciel. Le choeur
des criquets montait des marécages. Jonas transpirait ;
il reprit le livre.

Le jeune homme de l'histoire voit un livre intitulé
La Vieille Plantation *sur la table de chevet. Il le*
prend et commence à le lire. À la lecture du premier
chapitre, sa figure se remplit d'horreur puis, lente-
ment... de compréhension.

Jonas arrêta de lire. Il sentit un frisson lui passer sur
la nuque. Qu'est-ce que l'homme de l'histoire comprenait? Et pourquoi lui ne comprenait-il pas? Il devenait anxieux. Il retourna à sa lecture.

Le jeune homme continue la lecture du livre. Plus

il avance, plus sa frayeur augmente. Il finit le livre.
Il le remet sur la table de nuit. Il sait qu'il n'y a rien
à faire d'autre… qu'attendre…

Jonas tourna impatiemment la dernière page, mais toutes les pages suivantes étaient blanches. Le reste du livre était vide. Jonas le remit sur la table.

Il s'étendit sur le lit et attendit. Il tremblait de la tête aux pieds. Qu'attendait-il donc?

Jonas eut soudain conscience du silence. Les criquets s'étaient tus. Les arbres étaient figés dans la lumière de la lune. Tout était arrêté.

Il entendit alors une auto s'engager dans l'allée. Il souffla la mèche de la chandelle. Il savait qu'il n'avait plus qu'à attendre, ce qu'il fit, sans bouger, jusqu'à ce qu'il entendit un moteur s'éteindre et une porte claquer. Il attendit jusqu'à ce qu'une clé tourne dans la porte avant. Il attendit, tremblant sous les couvertures, écoutant le bruit des pas à travers la maison qui s'arrêtèrent en face de sa chambre.

La poignée tourna puis la porte s'ouvrit ; Jonas comprit alors ce qu'il attendait.

C'était lui, se tenant dans la porte, regardant la petite chambre. Sur la table de chevet, il vit une chandelle entamée et un vieux livre. Il sourit, pensant qu'il lirait le livre après une petite marche sur la véranda.

Jonas Éthier alla chercher sa valise dans l'auto. Il avait décidé de passer la nuit à la Vieille Plantation.

LA PHOBIE

Plusieurs personnes ont une phobie, une peur irrationnelle qu'ils ne peuvent contrôler. La phobie d'Élaine frisait la folie. Elle pouvait devenir hystérique à la seule vue d'un petit mulot. Mais peut-être avait-elle raison après ce qui lui était arrivé cette nuit-là.

C'était le crépuscule quand Élaine quitta le petit restaurant où elle avait soupé, seule. Ce restaurant était tout près d'un grand parc et parce qu'il faisait chaud, elle décida de marcher à travers le parc jusqu'à son appartement.

Elle prit un petit sentier surplombé d'arbres au feuillage très dense. Le sentier était sombre et Élaine était mal à l'aise. Elle accéléra le pas, voulant arriver de l'autre côté du parc le plus rapidement possible. Elle avait tellement entendu d'histoires déplaisantes arrivant aux gens dans ce parc le soir.

En sortant du sentier, elle s'aperçut que le ciel était plus clair. Elle ralentit sans oublier son malaise et les histoires. Elle marchait vers le lac. Pour y arriver, elle dut prendre un autre sentier ombragé. Elle regarda devant, elle regarda derrière. Personne. Elle se demanda si elle ne devrait pas retourner mais elle était presque au centre et ça ne lui donnait rien de reculer.

Une fois sur le sentier, elle n'entendit plus que le

bruissement des feuilles ; tous les autres bruits de la ville y étaient étouffés. Élaine marchait, écoutant les feuilles soupirer dans l'air du soir. Elle se sentait à des milliers de kilomètres de la civilisation. Un bruit parvint à ses oreilles. Ce n'état ni les arbres, ni la ville. Elle entendait le bruit de ses pas sur le ciment. C'est sûrement ce qu'elle entendait.

Mais non, elle l'entendit encore : un écho de ses propres pas derrière elle. Il y avait d'autres pas qui la suivaient. La frayeur l'envahit. Son coeur s'emballa et ses jambes accélérèrent.

Élaine sut vite qu'elle avait une raison d'avoir peur. Les pas qui la suivaient gardaient le même rythme. Elle s'empêcha de courir, sachant qu'elle ne devait pas montrer sa peur. Se forçant à ralentir, elle s'aperçut que les pas derrière elle ne ralentissaient pas. Ils arrivaient vite, impatients.

Élaine ne put contrôler sa peur plus longtemps. Elle partit à la course. Les pas ne réagirent pas tout de suite, mais bientôt, elle les entendit battre le pavé, vifs et réguliers.

Elle vit enfin le sentier qui descendait au lac. Il y avait souvent des gens là-bas. En tournant un coin, son coeur chavira : il n'y avait personne et les pas la rejoignaient.

Élaine regarda alentour. Il y avait à sa gauche un petit bosquet où elle courut se cacher. Elle pria pour que les pas continuent.

Il faisait noir maintenant. Seul, un petit morceau de lune perçait la nuit d'une faible clarté. Élaine entendit d'abord les pas, puis l'ombre qui les accompagnait.

L'homme s'arrêta de marcher à sept mètres d'elle. Il alla ensuite jusqu'à un banc où il s'assit.

Dans les buissons, Élaine suait, se demandant pourquoi elle avait cessé de courir. C'était pire car l'homme devait savoir où elle se cachait. L'attendrait-il jusqu'à ce qu'elle ne puisse se cacher plus longtemps? Elle eut une idée : elle sortirait de sa cachette aussitôt qu'elle verrait des gens passer sur le sentier. Elle les suivrait jusqu'à la sortie du parc.

Elle regarda l'homme du banc. Il était assis calmement, regardant le lac. Quelque chose accrocha alors son regard. C'était une petite ombre qui bougea puis s'arrêta sur la rive du lac. Un rat! C'était la tête d'un rat. Élaine commença à se relever, réaction qu'elle avait toujours à la vue d'une souris : elle cherchait à grimper sur une chaise, à s'éloigner du sol le plus possible. Maintenant elle ne pouvait ni bouger, ni laisser échapper le cri prisonnier de sa gorge.

Comme dans un cauchemar, trois autres rats rejoignirent le premier. Élaine voyait leurs grasses silhouettes, leurs sales têtes de rongeurs dans la clarté de la lune. Elle entendait le grattement de leurs griffes sur le ciment. Elle voulut courir ou crier mais la peur de l'ombre sur le banc l'effrayait encore plus.

L'homme était assis sur le banc, les rats à moins de deux mètres de lui. Il devait les voir. Quelle sorte d'homme était-ce donc?

Elle regarda à nouveau les rats. Ils l'hypnotisaient

d'une peur mêlée de dégoût. Elle entendit un bruissement dans les buissons tout près d'elle. Elle mettait son chandail devant sa bouche pour retenir son cri. Est-ce qu'un rat s'approchait d'elle? Qu'est-ce qu'elle ferait s'il sautait sur elle avec ses griffes pointues?

Elle aperçut alors les quatre rats du lac venir vers elle, leurs museaux pointant dans sa direction et leurs longues queues se promenant d'un côté à l'autre.

Élaine hurla. L'ombre du banc se leva. Elle venait vers les buissons. Élaine sauta sur ses pieds. En reculant, elle perdit pied dans un trou. C'était un nid de rats. Des douzaines de bébés-rats couinaient de panique et rampaient hors du trou autour de son pied. Il y en avait partout! Élaine sortit son pied du trou et en voulant reculer, elle écrasa un bébé-rat qui poussa un cri d'agonie. Élaine hurlait et hurlait encore.

Elle vit alors l'ombre de l'homme s'approcher d'elle. Même si ses jambes pouvaient à peine la porter, elle réussit à sortir des buissons et se retrouva sur le sentier montant la colline.

L'homme l'avait vue. Il vint vers elle et c'est alors qu'elle vit sa figure : une énorme face de rat, les moustaches frétillantes.

Élaine courut. La terreur, une terreur irraisonnée la poussait hors du parc. Elle n'entendit plus les pas derrière elle mais un long couinement anormal.

Élaine courut jusqu'à ce qu'elle sortit finalement du parc. Mais elle n'échappa jamais vraiment au rat. Il est toujours là... dans son esprit.

LE TRAIN DE TRANSYLVANIE

Le train s'arrêta par petites secousses à une halte au pied des Alpes de Transylvanie. À l'intérieur d'un compartiment, Stéphanie Archer regardait nerveusement par la fenêtre.

— Je me demande ce qui se passe? demanda-t-elle.

Sa mère et son frère, tous deux assis en face d'elle, haussèrent les épaules.

— Je suis contente qu'il fasse encore clair, reprit-elle, regardant la dense forêt autour d'eux.

— Tu as peur des vampires? lui demanda son frère.

— Oh oui, c'est sûr, répondit sarcastiquement Stéphanie.

— Alors, ça ne te fera rien que je lise à haute voix des passages de «Dracula»? Je pensais que c'était approprié à notre voyage en Transylvanie.

— Vraiment, Robert... soupira madame Archer.

Le lent grincement des roues contre la voie ferrée recommença. Le train reprit vite sa vitesse normale.

Stéphanie s'appuya sur le dossier de vieux velours et se reposa. Robert tira un exemplaire délabré du «Dracula» de Bram Stoker de son sac à dos. Madame Archer continuait la lecture de son roman. Ils partageaient à eux seuls un compartiment pour six.

Robert commença sa lecture à haute voix :

Il y avait là le Comte, étendu, rajeuni ; ses cheveux et sa moustache étaient passés de blancs à gris fer ; ses joues étaient plus pleines et sous sa peau blanche, le teint était rouge ; sa bouche était plus rouge que jamais parce que de ses lèvres coulaient des gouttes de sang frais vers le menton et le cou.

— Oh! arrête Robert! interrompit Stéphanie.

— J'essayais de mettre de l'atmosphère, protesta Robert. Nous sommes au coeur du pays des vampires. Il faut bien s'amuser.

— Cesse de lire à haute voix si ça embête ta soeur, insista madame Archer. J'ai bien hâte d'arriver à Bucarest et vous confier à votre père.

Robert reprit silencieusement sa lecture. Stéphanie regardait par la fenêtre. Le train grimpait un versant de la vallée.

— Écoute ça! s'exclama Robert en reprenant sa lecture à haute voix.

On aurait dit que l'effroyable créature était gorgée de sang comme une vulgaire sangsue...

— Maman, dis-lui d'arrêter.

— Bon d'accord, je vais arrêter, dit brusquement Robert. Je ne savais pas que tu étais si sensible, Stéphanie.

Au même moment, le train arriva à une autre halte. Ils regardèrent dehors, se demandant où ils étaient. Un écriteau indiquait: « Mehadia ».

— Quelques personnes montent à bord... dit Robert, allongeant le cou par la fenêtre.

— J'espère que personne ne va s'installer ici, s'inquiéta Stéphanie.

Mais une minute plus tard, ils entendirent des pas dans le corridor et la porte de leur compartiment glissa. Un vieil homme petit et bien habillé passa sa tête.

— Puis-je me joindre à vous? Les autres compartiments sont pleins.

— Bien sûr, acquiesça madame Archer. Donnez-vous la peine d'entrer.

Le vieil homme s'assit près de la porte, à côté de Stéphanie.

— Je suis le Docteur Maurer. Êtes-vous américains?

— C'est bien ça. Je suis madame Rita Archer et voici mes deux enfants, Stéphanie et Robert.

Le vieil homme répondit d'un sourire.

— Très heureux de vous rencontrer.

Le train se lança en avant et sortit lentement de la gare.

— Où allez... Mme Archer n'eut pas le temps de finir sa phrase que la porte s'ouvrit à nouveau.

Un homme grand, entre deux âges, entra dans le compartiment. Il ne dit pas un mot. Il alla jusqu'à la fenêtre et s'assit de l'autre côté de Stéphanie.

Stéphanie lui jeta un coup d'oeil. Il avait les cheveux noirs, la peau blanche ... et des lèvres rouges, presque vermeilles.

Elle regarda son frère qui haussa les sourcils. La

présence du deuxième étranger avait envahi le compartiment tout entier. Personne ne disait mot.

Stéphanie bougea un peu, se rapprochant du docteur. Elle avait soudainement eu l'impression que le corps de l'étranger était anormalement froid. Elle se mit à grelotter.

— Robert, peux-tu me donner un chandail?

— Oui, oui, Steph, répondit Robert en se levant pour prendre un chandail dans le filet au-dessus de sa tête. La copie de « Dracula » tomba alors sur le plancher, aux pieds de l'étranger.

Robert se pencha pour le ramasser mais l'étranger avait été plus vite que lui. Il le redonna à Robert avec un sourire contraint sur la figure et ses yeux noirs fixant les siens.

Robert s'assit, oubliant le chandail. Madame Archer donna le sien à Stéphanie.

— On se sent toujours mieux avec un médecin tout près, dit-elle.

Le vieux médecin sourit gentiment.

Le compartiment retomba dans un silence embarrassant. Dans la lumière qui s'atténuait, la figure blanche de l'homme paraissait encore plus blanche à côté de ses cheveux et de son habit noirs. En faisant semblant de regarder fixement par la fenêtre, Stéphanie lui lançait de rapides coups d'oeil. Elle ne pouvait oublier les mots de l'histoire de « Dracula ». Cet homme était étrange… et ils étaient en Transylvanie.

— Robert, dit madame Archer doucement, veux-tu

faire de la lumière. Ça devient difficile de lire.

Avant que Robert ait atteint l'interrupteur, le docteur toucha son bras.

— Je m'excuse madame Archer. Je vous conseille d'attendre encore quelques minutes avant d'allumer. Je passe souvent ici et je vous recommande d'être attentive au paysage pendant la prochaine demi-heure. Au soleil couchant, le ciel se remplit de merveilleuses couleurs. Vous ne devez pas manquer ça.

— Bien sûr, Docteur, acquiesça madame Archer.

Stéphanie reposa sa tête sur le dossier et souhaita pouvoir jouir du paysage. Si cet homme n'avait pas été si près...

Le train aborda un autre tournant et tout le monde fut projeté vers la droite. Le corps de l'étranger était pressé contre celui de Stéphanie. Elle tenta bien de s'éloigner mais elle était coincée entre lui et le docteur. Le train se redressa mais l'homme ne bougea pas tout de suite. Elle se tourna vers lui. Il la regardait dans les yeux et se déplaça tout juste comme elle voulait hurler.

Le train s'arrêta alors dans la gare d'un petit village appelé Orsova. Soudainement, l'étranger se leva et sortit. Ils le regardèrent sauter sur le quai et marcher vers une jeune femme qu'il embrassa.

Robert et Stéphanie pouffèrent de rire hystériquement. Madame Archer souriait en réarrangeant ses choses sur le banc. Le vieux docteur souriait.

— Vous êtes ridicules, dit madame Archer à ses enfants. Arrêtez de ricaner. Mais elle-même riait.

— Je vais aller me laver, dit-elle en se levant et en prenant son sac dans le porte-bagages.

En le redescendant, elle se regarda dans le miroir. Derrière elle, dans le miroir, Stéphanie était assise, seule sur son banc.

— Mais pourquoi... où le docteur... commença-t-elle à dire. Mais quand elle fit demi-tour, le docteur était bien à sa place.

Bizarre, pensait madame Archer tout comme le train plongeait dans un autre tunnel sombre. Elle se rassit.

Le sifflet aigu du train perçait l'air. Le cliquetis des roues sur les rails se répercutait à travers le tunnel. On n'entendait aucun autre bruit dans le compartiment noir comme un four.

Trois minutes plus tard, le train ressortit dans le crépuscule. Madame Archer jeta un cri aigu :

— Stéphanie !

Stéphanie était effondrée en travers du siège, la tête rejetée en arrière. Le sang tombait goutte à goutte de deux petits trous dans son cou. Sur ses lèvres, un étrange sourire planait.

— Docteur, soupira-t-elle.

Mais le docteur était parti.

Et la pleine lune brillait dans le ciel de Transylvanie.

LA PORTE DU GRENIER

Elle pousse la grille de fer forgé grinçante de la clôture entourant la maison. Elle claque dans son dos alors qu'elle s'avance vers la porte de la maison. De gros bouquets de lilas pendent au-dessus de l'entrée ; l'air est chargé de leur suffocante odeur sucrée.

Rosalyne soulève le heurtoir de laiton et le laisse retomber. Un coup sourd se répercute à l'intérieur. Quelques secondes plus tard, la porte s'ouvre.

— Rosalyne, c'est toi n'est-ce pas? Tu as tellement grandi que j'ai peine à te reconnaître. Puis Rosalyne suffoque sous l'étreinte de sa tante.

— Bonjour tante Henriette.

— Viens à l'intérieur ma chérie. C'est tellement humide dehors. Ma maison est toujours fraîche.

Rosalyne suit sa tante dans une entrée aussi rafraîchissante qu'un sous-sol.

— Te voilà, me rendant enfin visite après 16 ans. Comment s'est passé ton voyage? Mais tante Henriette n'attend pas la réponse, elle bavarde sans arrêt.

— Pendant des années, j'ai demandé à ton père de te laisser venir. Mais il ne cachait pas qu'il n'aimait pas mon mari et maintenant, ce cher Arthur est mort depuis quatre ans.

Tante Henriette s'arrête, soupire et reprend :

69

— Il y a bientôt quatre ans qu'Arthur s'est suicidé.

Rosalyne ne sait que dire. Sa mère l'a avertie de l'étrangeté de sa tante. Elle avait bien raison.

— Tu as une très grande maison, ma tante, dit Rosalyne.

— Je t'en ferai faire un tour quand tu te seras installée dans ta chambre.

— Dans ta chambre, croasse une voix étrange.

— Qui est-ce? demande Rosalyne inquiète.

Tante Henriette rit de son rire haut perché et se dirige vers le fond de l'entrée. Elle retire un morceau de velours vert, révélant un énorme perroquet dans une cage.

— C'est Polly. N'est-ce pas, Polly? Tante Henriette émet une série de petits bruits au perroquet.

Rosalyne ne s'approche pas : elle déteste les perroquets.

— Tante Henriette, j'aimerais monter à ma chambre si tu veux bien me montrer où elle est.

— Bien sûr Rosalyne… Je reviens ma Polly.

Elle conduit sa nièce par un grand escalier tournant jusqu'à une chambre au bout d'un couloir.

— Voici ta chambre, Rosalyne. C'était mon boudoir quand je me suis mariée. J'espère qu'elle te plaît.

Rosalyne jette un oeil à l'intérieur. Toute la chambre est de couleur lilas : le couvre-lit est lilas ; la tapisserie est couverte de fleurs lilas sur un fond blanc. Même les meubles sont peints de cette couleur.

— Oh! Tante Henriette! C'est tout ce que Rosalyne trouve à dire.

— Installe-toi, ma chérie et viens me rejoindre en bas. Nous prendrons le thé ensemble.

Vingt minutes plus tard, Rosalyne redescend l'escalier circulaire. Sa tante l'attend dans une pièce ensoleillée ; le thé et le gâteau sont disposés sur un petit guéridon.

— Prends de mon gâteau Rosalyne. C'est tellement agréable d'avoir de la compagnie. Polly et moi mangeons seules d'habitude, n'est-ce pas Polly?

— Mangeons seules, croasse Polly dont la cage a été placée près de la fenêtre.

Rosalyne mange un peu de gâteau et sirote son thé. Ses yeux font lentement le tour de la pièce. Les meubles sont très vieux ; des perles de cristal pendent des vieux abat-jour ; des châles de velours sont jetés négligemment sur les fauteuils ; partout des photos, des statues, des babioles. Une photo surtout attire le regard de Rosalyne.

— Est-ce mon cousin Herman? demande-t-elle.

Tante Henriette s'étouffe.

— Je suis désolée ma tante. Je suis impardonnable, dit Rosalyne en rougissant.

Elle sait que sa tante doit encore être triste de la perte de son fils alors qu'il était si jeune. L'oncle Arthur s'est tué un mois plus tard. Rosalyne essaie de faire oublier son indélicatesse.

— Tu sais, tante Henriette, j'ai toujours souhaité connaître Herman. Nous sommes nés la même année et même si je ne le connaissais pas, j'ai beaucoup pleuré quand j'ai appris sa mort.

Tante Henriette reprend contenance.

— Oui ma chérie, c'est une photo d'Herman. Mais ne parlons plus du passé. Viens, je vais te montrer la maison.

Rosalyne suit sa tante jusque dans le grand hall sombre.

— Je veux d'abord te montrer le bureau et le laboratoire de ton oncle Arthur. C'était un véritable homme de sciences, tu sais. Ses confrères de l'université étaient jaloux de lui car il était en avance sur son temps. C'est pour cela qu'il a dû quitter et venir continuer ses travaux ici.

Elles entrent dans une grande pièce aux murs couverts de livres. C'est donc ici que travaillait son oncle. Rosalyne est remplie de respect même si son père a toujours refusé d'en parler. Elle sait qu'il y a eu une sorte de scandale et que son oncle Arthur a été renvoyé.

— Et de l'autre côté de cette porte, dit tante Henriette en continuant, c'est son laboratoire.

Cette pièce est encore plus imposante, remplie qu'elle est de bocaux, de tubes et d'autres équipements scientifiques.

— Qu'étudiait oncle Arthur? demande Rosalyne.

— C'était un grand biologiste, dit tante Henriette

d'un ton déférent. Il étudiait les mutations humaines.

— Oh! dit Rosalyne. Elle regarde les murs couverts de photos de singes et de photos d'humains côte à côte.

— Tu comprends, n'est-ce pas, que tu ne dois toucher à rien dans ces deux pièces. C'est un monument à la grandeur de mon mari. Un jour, la science reconnaîtra son génie. Ces deux pièces doivent être conservées intégralement.

— Oui, tante Henriette, dit Rosalyne en suivant sa tante à travers le bureau puis le hall d'entrée.

— Tu peux visiter le reste de la maison, dit la tante, mais je veux qu'une chose soit bien claire : tu ne dois jamais aller dans le grenier. Comprends-tu? ajoute-t-elle d'une voix plus forte.

— Comprends-tu? se moque le perroquet.

— Je suis très sérieuse, Rosalyne. N'ouvre jamais la porte du grenier ou tu t'en mordras les pouces.

— Mordras les pouces, croasse Polly.

Rosalyne se sent remplie d'un curieux malaise.

— Je comprends tante Henriette, promet-elle.

Rosalyne passe les jours suivants à se promener au hasard dans la maison, feuilletant de vieux livres et s'assoyant avec sa tante au jardin, le soir venu. Sa tante lui pose un tas de questions sur ses parents mais change de sujet aussitôt que Rosalyne veut parler d'Herman.

Le temps passe, mais au bout de quelques jours, elle

s'ennuie un peu. Le quatrième jour de son séjour, sa tante doit aller chez des amis pour le thé. Elle invite Rosalyne mais celle-ci refuse, se disant que cela risque d'être encore plus ennuyant. Elle décide donc de rester à la maison pour y lire.

Sa tante partie, Rosalyne monte à sa chambre y chercher un roman qu'elle a apporté. Mais il ne l'intéresse pas longtemps. Elle le ferme au bout de quelques minutes et sort de sa chambre. Elle longe le corridor et cherche quelque chose à faire. Ses vacances sont un peu décevantes.

En traversant le corridor, elle passe devant la porte menant au grenier. Elle s'y arrête. Rosalyne se demande pourquoi sa tante a tellement insisté pour qu'elle n'y monte pas. Qu'est-ce qu'il peut y avoir là? Un tas de vieux vêtements ou de vieilles photos de famille dont elle ne veut pas parler? Rosalyne pose la main sur la poignée de la porte qui, à sa grande surprise, n'est pas fermée à clé. Elle l'enlève vite, se rappelant la façon dont sa tante l'avait presque menacée.

Elle continue de marcher puis s'arrête, sa curiosité reprenant le dessus. Sa tante *est* un peu folle : il n'y a probablement aucune raison valable pour justifier cette défense.

Se décidant subitement, Rosalyne ouvre la porte. Un court escalier mène au grenier. Rosalyne le monte lentement. Quand ses yeux atteignent la hauteur du plancher, elle se fige, comme morte. Elle ne peut quitter des yeux cette chose (moitié bête, moitié humaine) qui la regarde aussi. Elle pousse un cri affreux et redescend l'escalier à reculons.

Rosalyne est malade. Elle ne peut pas croire à ce qu'elle a vu. Ça n'a pas de sens, c'est trop monstrueux. Elle pousse la porte du grenier et se précipite vers l'escalier mais elle entend ce qu'elle redoutait le plus : les pas de cette chose qui la suivent.

Les jambes de Rosalyne sont tellement faibles qu'elle ne peut courir et cette créature affreuse qui l'approche et veut la toucher de son bras velu. Rosalyne court et descend l'escalier tournant, près de l'évanouissement.

Cette chose lui court après. Elle l'entend faire de petits renâclements en respirant. Rosalyne court au salon. Elle pense tout à coup qu'il n'y a aucune voie vers l'extérieur dans cette pièce. Elle se jette vers la porte échappant de justesse au bras de la créature.

Elle va vers la cuisine, la chose à ses trousses. Elle tente d'oublier la face (la face curieusement humaine) de cette chose. Elle sort dans le jardin, mais se rend compte qu'il est sans issue.

Dos au mur de pierres du jardin, Rosalyne regarde la créature venir vers elle, les pieds traînants, la face éclairée d'un large sourire. Rosalyne crie et se lance sur un côté. Elle échappe encore à la main qui veut la toucher.

La chose est maintenant tout près d'elle. Rosalyne retraverse la cuisine et le hall d'entrée, mais elle ne réussit pas à rejoindre la porte avant : elle trébuche et tombe.

La créature arrive à côté d'elle, lui touche la tête et dit d'une voix humaine :

— Touché.

— Touché, répète le perroquet.

Rosalyne s'évanouit.

Quand elle revient à elle, la face de la chose est toujours au-dessus d'elle, mais tante Henriette y est aussi.

— Rosalyne, vilaine fille. Que t'avais-je dit à propos du grenier? Je t'avais dit que tu serais désolée.

Tante Henriette secoue le doigt tout en parlant.

— Tu as excité ce pauvre Herman, dit-elle en caressant la tête de son fils. Il n'a plus jamais été le même depuis les dernières expériences d'Arthur.

Tante Henriette regarde Rosalyne à nouveau.

— Tu ne t'imagines pas que je vais te laisser repartir maintenant que tu connais notre secret. J'appellerai tes parents et leur dirai que tu n'es jamais arrivée. Nous pouvons t'arranger une très belle chambre au grenier, n'est-ce pas Herman?

Rosalyne lève les yeux vers la figure de sa tante complètement folle puis elle regarde son cousin grimaçant d'envie.

— Tu seras très heureuse avec nous Rosalyne.

— Très heureuse, reprend le perroquet.

Rosalyne crie et s'évanouit à nouveau.

Herman soulève son corps mou et le transporte au grenier par le petit escalier.

LE TUNNEL DE LA PEUR

Tous les étés, juste avant la rentrée des classes, Hélène allait toujours à la foire avec ses amies. Cette année-là, elle partit tôt, le matin d'une journée très chaude, avec ses amies Jeanne et Diane. Elles s'amusèrent tout le long du voyage de deux heures jusqu'à Colombus. Arrivées à la foire, elles se mêlèrent à la foule qui circulait autour des restaurants, des jeux et des amusements.

À la fin de l'après-midi, elles étaient fatiguées. Il n'y avait rien de nouveau depuis l'an dernier. Elles décidèrent donc de faire un dernier tour avant de partir.

Elles dépassèrent le kiosque de crème glacée et de hot-dogs. Elles regardaient la Grande Roue et les Montagnes russes, la tente où les soeurs siamoises et l'homme à la bouche élastique donnaient un spectacle.

Elles virent un petit passage qu'elles n'avaient pas remarqué avant. Hélène suggéra de le suivre. Au bout, un grand écriteau annonçait : le Tunnel de la peur. On y voyait une petite embarcation flottant sur un canal sombre. Sur le côté du canal, on avait reproduit, avec des figurines de cire, une scène tragique de la Révolution française : des gens guillotinés.

— Ça me donne la chair de poule, dit Jeanne.

Hélène ne savait pas trop pourquoi, mais elle eut

77

soudain envie d'y aller. Il faisait tellement chaud et le tunnel semblait si frais. C'était peut-être aussi le goût de quelque chose de neuf, d'excitant.

— Personne n'ose y aller? demanda-t-elle.

— Es-tu folle? dit Jeanne.

— Je te mets au défi d'y aller, retorqua Diane.

— D'accord, j'y vais, annonça bravement Hélène. Vous êtes peureuses.

— Nous te paierons ton entrée, n'est-ce pas Diane? Mais on me paierait cher pour y aller.

Elles allèrent au guichet toutes les trois. Un vieil homme grisonnant y était assis, se curant les ongles avec un canif.

— Un passage, s'il vous plaît, dit Hélène.

— Vous y allez toute seule? demanda l'homme, la regardant à travers ses sourcils en broussaille.

— Je n'ai pas peur, dit-elle. Où dois-je prendre le bateau?

Le vieil homme la conduisit derrière le guichet. Diane et Jeanne suivaient mais l'homme les arrêta.

— Non, vous n'allez pas plus loin si vous n'avez pas de billets.

Hélène essayait d'avoir l'air brave en leur envoyant la main mais le vieux bateau avec son siège de cuir déformé la fit frissonner.

Le vieil homme tira un manche de bois qui mit tout un engrenage en marche. Hélène fut effrayée par le bruit et se retourna vite vers l'homme. Celui-ci avait la bouche fendue dans un sourire découvrant des dents jaunes, cariées. Soudain, elle ne vit plus rien : elle était dans le tunnel.

Dans le noir, Hélène remarqua que son sens de l'ouïe s'était aiguisé. Elle entendait le frottement du bateau le long du canal ; le clapotis de l'eau sur les flancs de l'embarcation, puis le cri perçant qui lui fit bondir le coeur dans la gorge.

Une seconde après le cri, une lumière vive s'alluma. À un mètre du bateau, un homme était attaché à une roue de torture, ses bras sortant presque de ses articulations. Hélène voyait le sang rouge suinter de sa peau. Elle ferma les yeux et cacha son visage dans ses mains. Est-ce que ça durerait encore longtemps?

Le bateau tourna abruptement et le cri qu'Hélène entendit était le sien. Quelque chose de gluant lui frôla la figure. Elle se tapit au fond du bateau, se sentant malade. Si elle pouvait rester dans cette position jusqu'à la fin, elle pourrait supporter ce manège. Pourquoi avait-elle voulu venir? Elle aurait tout donné pour être dehors, au soleil, avec ses amies.

Il y eut un grondement devant elle puis Hélène entendit le heurt du métal contre le bois. Elle jeta un coup d'oeil entre ses doigts et vit la scène de la guillotine. Une tête sanglante tombait de la victime jusque dans un seau près de la lame de la guillotine.

Elle serra les bras autour d'elle : un autre virage en coude, une autre scène. Elle sentit une chose humide et couverte de fourrure glisser autour de son cou. Elle retint ses cris : la chose disparaîtrait, tout comme la masse gluante de tantôt. Mais la fourrure humide semblait se presser contre elle. Un poids fit pencher le bateau et elle se mit à crier et à crier encore…

Dehors, Jeanne et Diane riaient des bruits qui sortaient du tunnel. Le vieil homme s'en amusait aussi. Il les regardait de côté, grimaçant.

Mais le bruit venant du Tunnel de la peur se changea vite en un hurlement constant, proche de la folie. Les deux filles étaient mal à l'aise. Jeanne alla au guichet :

— Sortira-t-elle bientôt? demanda-t-elle au vieux bonhomme.

— Encore quelques minutes, dit-il. Il faut bien qu'elle en ait pour son argent, non?

Jeanne revint vers Diane, debout à la sortie du canal.

— Je n'aime pas ça. J'ai hâte de la voir sortir.

À ce moment précis, un cri de terreur déchira l'air. C'était si affreux, que les deux filles frissonnèrent.

— Sortez-la de là! dit Jeanne en courant vers l'homme.

— Je ne peux rien y faire, répondit-il.

Le cri hystérique continuait dans le tunnel. Un autre son sortit alors des haut-parleurs. « Mesdames et Messieurs. Il est important que tout le monde reste calme. Un gorille s'est échappé du zoo. S'il vous plaît, restez à l'abri jusqu'à ce qu'il soit recapturé. N'allez nulle part seul. Nous répétons encore, ne paniquez pas. »

L'annonce arrivait trop tard pour Hélène. Ses amies la virent sortir du tunnel, le gorille assis près d'elle dans l'embarcation.

Elles la sortirent du bateau. Miraculeusement, elle était saine et sauve, mais son esprit, lui, avait chaviré.

Elles l'amenèrent rapidement à l'hôpital du comté.

LA DISEUSE DE BONNE AVENTURE

Monsieur Paré écarta le rideau de billes de verre qui pendait à l'entrée de la chambre de la diseuse de bonne aventure. Il entra. Les billes faisaient beaucoup de bruit.

Monsieur Paré était seul. Il s'assit et examina la pièce. Des rideaux rouges et noirs alternaient sur les murs. Le plancher était couvert de tapis persans. Il leva les yeux. Sur le plafond noir, des images et des symboles inconnus pour lui étaient dessinés. Une étrange lumière bleue brillait dans la pièce.

Monsieur Paré mit ses mains sur ses genoux et attendit comme sa femme le lui avait dit. En fait, c'était sa femme qui l'avait persuadé de venir. Monsieur Paré était bien trop raisonnable pour croire à ces tours de passe-passe, mais sa femme avait su être persuasive.

Le froufroutement de la soie lui fit lever les yeux. La diseuse de bonne aventure venait d'entrer dans la pièce. C'était une grosse femme à la chevelure noire. Sa robe rouge, flamboyante, était couverte de colliers, de bracelets et une ceinture garnie d'une boucle faite de deux serpents entrelacés entourait sa taille.

— Vous êtes monsieur Paré, annonça-t-elle, sûre d'elle.

— Oui, oui, c'est moi, bégaya monsieur Paré,

déconcerté par cette écrasante femme.

— Prenez ma main et venez à la table.

Elle lui tendit un bras lourdement chargé de bracelets. Il leva lui-même le bras et elle lui saisit la main. Elle le conduisit à une table ronde dans le coin de la chambre. La table était flanquée de deux chaises, face à face.

— Assoyez-vous, nous allons commencer.

Monsieur Paré s'assit, les yeux rivés sur la boule de cristal au centre de la table. Il la regardait d'un air à moitié amusé, à moitié effrayé.

La chambre était comme il l'avait imaginée : remplie de l'attirail d'une diseuse de bonne aventure. Mais il n'était pas à l'aise. Il était perturbé par la présence de cette femme qui avait comme une influence magnétique sur lui.

— Regardez-moi dans les yeux, monsieur Paré, dit la femme de sa grosse voix. Monsieur Paré obéit.

— Vous avez eu beaucoup de malchances, n'est-ce pas monsieur Paré, lui dit-elle, les yeux dans ses yeux.

— Oui, c'est vrai... commença-t-il.

— Vous avez perdu l'emploi que vous aviez depuis 20 ans?

Monsieur Paré avait l'impression qu'elle pouvait voir jusque dans son cerveau.

— Comment savez-vous cela? demanda-t-il.

— Je sais, reprit la voyante. Et je sais plus encore. Vous avez peur de mourir. Vous sentez la main de la mort sur votre gorge.

À ce moment, monsieur Paré sentit quelque chose lui enserrer le cou. Il dit tout ce qui le hantait depuis des mois.

— Oui, j'ai peur de la mort, oui. Je sens que ma vie est finie et que tout ce qui m'attend est la mort.

— Pauvre monsieur Paré, dit-elle d'un ton doux. Laissez-moi consulter ma boule de cristal.

La voyante conduisit le regard de monsieur Paré à la boule de cristal. Une lumière bleue en irradiait, la même qu'il avait remarquée en entrant.

La voyante commença à psalmodier en regardant dans sa boule de cristal. Puis, elle arrêta de respirer. Monsieur Paré la regarda. Ses yeux étaient de feu et ses sourcils se rejoignaient.

— Je vois un destin funeste pour vous, monsieur Paré. La boule donne une image noire de votre vie future. La mort...

Monsieur Paré cria. Ainsi, c'était vrai: la mort le poursuivait. Il sentit les doigts de la diseuse de bonne aventure enserrer les siens.

— Monsieur Paré, monsieur Paré. Nous devons tous mourir et devons tous l'accepter... et pourvoir aux besoins des êtres aimés.

Monsieur Paré sortit de sa rêverie. Oui, il devait assurer l'avenir de sa femme, sa bien-aimée Marguerite.

Hébété, monsieur Paré quitta la chambre de la voyante. Il passa de la chambre noire baignée de lumière bleue à la noirceur de la nuit d'hiver. En conduisant son auto sur le chemin du retour, il se promit de s'occuper de sa femme, quoi qu'il lui arrive.

Sa femme Marguerite l'attendait à la porte. Pour un étranger, ils auraient pu passer pour le père et la fille. Elle était en effet de 15 ans plus jeune que son mari.

— Marguerite, c'est affreux. Elle a confirmé mes peurs...

Il lui raconta son entrevue. Elle l'écoutait, caressant sa tête chauve de ses douces mains.

— Mais je vais m'occuper de toi, Marguerite. Je vais prendre une assurance pour la vie de 100 000$ en ta faveur.

— Tout ce que tu veux mon chéri, mais cesse de parler de la mort. Je ne veux plus t'entendre. Tu riais quand je voulais t'envoyer voir cette voyante, et maintenant tu prends tout ce qu'elle t'a dit au sérieux.

Monsieur Paré se sentit mieux après cela. Ils allèrent au lit.

La première chose qu'il fit le lendemain matin fut d'aller rendre visite à son agent d'assurance. En dépit de l'avis contraire de son agent, il décida de prendre une nouvelle assurance immédiatement. La bénéficiaire serait sa femme, bien entendu.

Monsieur Paré se sentait mieux en revenant de chez son agent. Il voyait comme dans un rêve la vie de sa femme après sa mort : elle pourrait garder la maison et vivre comme maintenant...

SCRITCH. Le pied de monsieur Paré tremblait

encore sur la pédale du frein de son auto. Il avait failli entrer dans un train. Le bruit des wagons qui défilaient faisait le même bruit que son coeur.

La voyante avait vu juste : il venait à peine d'échapper à la mort.

En arrivant à la maison, il raconta son aventure à sa femme. Elle sanglotait, assise sur le divan. Pour la consoler, il lui montra sa police d'assurance et lui répéta encore qu'elle serait toujours protégée.

L'après-midi, il alla travailler dans son garage. Il avait besoin d'oublier l'incident du train. Il nettoyait son établi, rangeant ses outils à leur place. Il avait égaré un couteau. Il le chercha sur les tablettes jusqu'en haut d'une étagère d'où le couteau tomba quand il ferma une porte. Il lui passa à quelques centimètres des yeux et se planta dans le bois de la table en vibrant sous le choc de l'impact. Monsieur Paré recula, horrifié.

Il était victime d'un mauvais sort. Il passa le reste de l'après-midi à se reposer, étendu dans son bureau. Il était paralysé de frayeur. La main décharnée de la mort semblait avoir resserré son emprise sur lui. Il refusa le souper que sa femme lui apporta. Il refusa même de parler avec elle. Plus tard, il décida de sortir de la maison et de prendre une marche le long d'un chemin désert. Il y serait en sécurité, aucune automobile n'y ayant accès.

— Marguerite, je vais prendre une marche sur le chemin du Vieux Moulin. Ne m'attends pas pour te coucher.

Marguerite vint à la chambre et regarda son mari s'habiller.

— Tu seras prudent, n'est-ce pas? Rappelle-toi ce que la voyante t'a dit.

— Oui, je serai prudent, lui repondit-il en l'embrassant. À plus tard.

Marguerite écouta la porte se refermer, puis elle se dirigea vers le téléphone avec un sourire.

Le long du vieux chemin, monsieur Paré marchait dans les feuilles mortes. Il laissait les souvenirs l'envahir. C'était tellement calme qu'il commença à penser que la diseuse de bonne aventure pouvait avoir tort.

Puis il fut aveuglé par les phares d'une énorme auto qui venait vers lui à toute vitesse. Il sut que c'était la fin, que la mort l'avait pris dans un étau.

Quelques secondes avant de mourir, monsieur Paré vit la face de la mort. Elle avait celle de la diseuse de bonne aventure au volant de l'automobile. Devant elle, sur le tableau de bord, était la boule de cristal.

LE CHIEN EMPAILLÉ

Ce chien empaillé était assis sur une table basse dans le coin le plus sombre du cabinet de travail. C'était un boxer noir au poil raide et court, encore luisant. Madame Nadeau l'époussetait toutes les semaines et huilait son pelage tous les mois. Elle prenait soin du boxer en souvenir de son mari. Lui et le chien étaient décédés le même jour, 20 ans plus tôt.

Le chien avait été très attaché à monsieur Nadeau. Sa femme aimait penser qu'il était mort de désespoir. Le coroner n'aimait pas cette explication, aussi demanda-t-il une autopsie des deux corps — ceux de monsieur Nadeau et de son chien — Mais aucune cause médicale ne fut trouvée.

Madame Nadeau enterra son mari et fit empailler le chien. Depuis 20 ans, il était assis dans le même coin du bureau, sauf une journée par année, le jour anniversaire de la mort de son maître. Ce jour-là, madame Nadeau emportait le chien empaillé dans ses bras, le mettait dans l'auto et allait jusqu'au cimetière avec lui. Là, elle installait le chien sur la tombe de son mari et elle souriait, pensant qu'ils étaient ensemble tous les trois.

Cette année, elle avait demandé à son petit-fils, Théodore, de l'aider à transporter le chien au cimetière. Le chien était devenu trop lourd pour elle.

Théodore avait 12 ans. Il n'avait jamais vu son grand-père et il ne comprenait pas pourquoi sa grand-mère transportait ainsi le chien chaque année. Mais il avait accepté d'aller passer ce week-end avec elle après que sa mère eut insisté. Il arriva le samedi matin, le jour du pèlerinage au cimetière.

— Teddy, tu as tellement grandi, dit madame Nadeau en serrant le garçon très fort contre elle.

Théodore recula. Ses lunettes avaient été tachées par quelque chose d'humide sur le tablier de sa grand-mère. En prenant son mouchoir pour les nettoyer, il dit :

— Ne m'appelle pas Teddy.

— Oui, Théodore. Je vais essayer d'y penser, lui dit madame Nadeau penaude. Mais viens m'aider, nous allons bientôt partir car j'ai bien peur qu'il ne pleuve avant la fin de la journée.

Le garçon suivit sa grand-mère dans la maison. Il commençait déjà à regretter d'être venu. En entrant dans la pièce de travail, il ressentit de la répulsion, la même répulsion qu'il avait toujours eue pour cette pièce et pour le chien empaillé.

Sa grand-mère l'avait enfermé là, tout petit, après qu'il eut fait une bévue. Il était resté assis dans le jour qui tombait jusqu'à ce qu'il fit noir. Tout ce temps-là, le chien l'avait regardé de ses yeux de verre. Il se rappela comment les lèvres retroussées du chien avaient hanté ses rêves pendant des semaines. Il avait toujours eu aussi peur du chien, même s'il était mort.

— Teddy... je veux dire Théodore, prends le chien, dit la grand-mère.

L'idée même de toucher le chien le rendait malade.

— Dépêche-toi Théodore.

Théodore mit les mains sur le chien dont la fourrure huilée lui semblait artificielle. Il le souleva et le transporta jusqu'à l'auto le plus rapidement possible. Il le mit sur le siège avant. Sa grand-mère sortit de la maison à temps pour l'empêcher de s'asseoir à l'arrière.

— Non, Teddy. Assois-toi à l'avant avec moi et le chien, il y a de la place.

Théodore obéit mais il poussa le chien contre sa grand-mère. Ils furent silencieux tout le long du trajet. Madame Nadeau était perdue dans ses pensées et Théodore jugeait la situation trop ridicule pour en parler. Il se demandait si sa grand-mère devenait toquée.

Celle-ci arrêta l'auto près de la tombe de son mari.

— Teddy... Théodore, apporte le chien maintenant.

Théodore reprit le chien. Sa face le regardait toujours, la bouche toujours aussi grimaçante.

Suivant les indications de sa grand-mère, il déposa le chien sur la tombe du grand-père puis il s'excusa. Il voulait s'éloigner de sa grand-mère, du chien et du sentiment d'horreur qu'il avait d'être là.

Après une demi-heure de marche autour du cimetière, Théodore revint près de la tombe de son grand-père. Les yeux de sa grand-mère étaient rougis et enflés par les pleurs mais sa figure était rayonnante.

— N'est-ce pas merveilleux de les voir ensemble?

Théodore regarda avec dégoût le chien empaillé sur la tombe.

— Est-ce qu'on repart? demanda-t-il.

— Oui, chéri. Rapporte le chien dans l'auto.

Théodore se pencha, ramassa le chien puis le laissa retomber.

— Théodore, qu'est-ce qui te prend? demanda sa grand-mère, fâchée.

Théodore ne savait quoi répondre. Il ne savait pas comment lui dire que le chien lui semblait chaud comme s'il était vivant. Il combattit le malaise qu'il avait et se pencha pour reprendre le chien. Oui, il était chaud.

Après l'avoir remis sur le siège avant de l'auto, il s'assit à l'arrière, refusant de retourner à côté du chien. Pendant le voyage de retour, il n'avait qu'une idée en tête : il lui faudrait reprendre le chien.

Arrivé à la maison, il serra les dents et rapporta le chien dans la salle de travail en prenant bien soin de ne pas le regarder. Il ressortit vite de la pièce. Sa grand-mère le regardait en secouant la tête.

— Mon Dieu que tu as l'air bizarre, Théodore. Les jeunes d'aujourd'hui n'ont aucun bon sens.

Il aurait bien voulu s'en aller mais sa mère avait promis qu'il pouvait rester à coucher. Théodore se jura de ne pas retourner dans l'étude de son grand-père.

Il lut tout l'après-midi et au souper, il se sentait presque heureux d'être resté. Après avoir fait la vaisselle, ils jouèrent aux échecs.

Ils jouèrent pendant deux heures. Théodore laissa sa grand-mère gagner une partie.

— Tu m'as fatiguée Théodore, déclara madame Nadeau après avoir perdu sa 15e partie. Sois un bon garçon et va me chercher les allumettes sur le dessus de la cheminée dans le bureau. Je vais allumer une chandelle dans ta chambre comme au temps où ta mère était jeune.

Madame Nadeau monta lentement l'escalier qui menait aux chambres.

— Apporte les allumettes en montant te coucher.

Théodore regarda autour de lui dans le salon : pas d'allumettes ; aucune dans la cuisine non plus. Il alla donc au bureau. C'était trop noir pour voir quoi que ce soit, même le chien. Il décida de ne pas faire de lumière ; il savait exactement où était la cheminée.

Il glissa dans la pièce et suivit le mur avec ses mains jusqu'à la cheminée. Ses doigts se refermèrent sur une boîte d'allumettes. Il entendit alors un bruit venant du coin de la pièce : un grognement.

Théodore alluma une allumette. Dans la clarté subite, il vit les yeux du chien le fixant. Une vague de haine submergea Théodore : ce maudit chien !

L'allumette dans ses mains tremblantes, il marcha vers le chien empaillé. Il regardait ses bajoues, pendant de chaque côté de sa gueule cruelle. Il regardait ses yeux de verre. Arrivé plus près, il vit ses longues moustaches.

Théodore se mit à rire en approchant l'allumette des moustaches...

En haut, madame Nadeau mettait sa robe de nuit lorsqu'elle entendit le hurlement. C'était un hurlement terrible, horrifiant. Elle courut en bas aussi vite que ses vieilles jambes le pouvaient. Elle entra dans le bureau.

Théodore était étendu sur le plancher, un air de terreur dans la figure, les bras et les jambes raides et écartés du corps.

— Oh non, oh non... pas encore... disait madame Nadeau en courant téléphoner au médecin.

Le médecin arriva en moins de dix minutes, mais il était trop tard. Théodore était déjà mort. Le médecin dit qu'il faudrait faire une autopsie. Madame Nadeau faisait signe que oui.

— Il me fait tellement penser à mon mari quand il est mort, se disait-elle.

Ils transportèrent Théodore à l'extérieur du bureau qui fut laissé dans le noir.

Un grondement bas vint du coin de la pièce. Une goutte de salive mêlée de sang tomba de la bouche du chien empaillé.

UNE CHAMBRE GRATUITE
POUR LA NUIT

Il était deux heures cette nuit-là à Londres, en Angleterre. Tom et David marchaient dans la ville comme deux somnambules. Ils avaient cherché une chambre libre dans plusieurs hôtels, mais n'en avaient trouvé aucune. Maintenant leurs pas résonnaient à travers les petites rues vides de la ville.

— Je pensais qu'il n'y avait plus de brouillard à Londres, grommela David. En effet, le brouillard s'était mis de la partie et les empêchait de voir les enseignes d'hôtel et le nom des rues.

— Il faut qu'on trouve une place pour se reposer, grogna Tom. Je n'ai plus la force d'aller plus loin.

Mais ils continuèrent encore, de Picadilly Circus à Green Park, puis au nord vers la rue Oxford. En marchant dans une rue bordée de vieux édifices à quatre étages, ils virent un panneau accroché sur une vieille clôture de métal noir : « À vendre ».

— Écoute. J'ai une bonne idée, dit Tom. Cet endroit est probablement vide. Qu'est-ce que tu dirais qu'on y entre et qu'on y passe la nuit ?

— Je suis prêt à tout, répondit David.

La clôture était coiffée de pointes acérées. Ça rendait difficile l'escalade, fatigués comme ils l'étaient, mais ils réussirent.

Une fois de l'autre côté, ils se rendirent à une fenêtre et virent que les pièces étaient en reconstruction.

— C'est vide! murmura Tom.

— Comment va-t-on y entrer? demanda David.

Tom fouilla dans sa poche et en sortit son canif de l'Armée suisse. En glissant une lame du couteau entre la fenêtre du haut et celle du bas, il réussit à pousser le vieux pêne et à ouvrir la fenêtre. Il regarda David d'un air satisfait.

Les deux garçons se hissèrent à l'intérieur.

— Je ne veux pas dormir ici, dit David en regardant autour de lui. Il y a trop de clous et d'outils.

— D'accord. Allons voir les autres pièces, dit Tom.

Ils traversèrent l'entrée de la vieille maison et montèrent un escalier tournant comme ceux des maisons des canaux à Amsterdam. Au deuxième étage, toutes les portes étaient verrouillées. Ils allèrent au troisième : la même chose.

— On dirait qu'il y a un autre étage, dit Tom en regardant la cage de l'escalier. Allons-y!

Ils montèrent péniblement la dernière volée de l'escalier. David se plaignait encore d'être fatigué. Sur le palier de l'étage, il n'y avait qu'une porte flanquée du toit en pente de chaque côté. Tom essaya la poignée de la porte : elle s'ouvrit.

Les deux garçons étaient dans une petite chambre où il y avait deux lits et une commode. Une fenêtre donnait sur la rue plus bas.

— Qu'en dis-tu? dit Tom en allant à une petite table et en allumant la chandelle qui s'y trouvait. David se laissa tomber sur un des lits, exténué.

L'écho d'un bruit sourd leur arriva par l'escalier. David sursauta :

— Qu'est-ce que c'est?

Tom se précipita dans le corridor et s'y tint une bonne minute, puis il revint.

— Je pense que c'est la fenêtre que nous avions ouverte. Elle a dû se refermer. Nous ne l'avions pas refermée n'est-ce pas?

— Ouais, dit David en se rassoyant sur un lit. Cet endroit me donne la chair de poule.

— Allez! dit Tom. C'est une place gratuite pour dormir, non?

Ils s'étendirent sur les lits. Tom alluma une cigarette et éteignit la chandelle. Au même moment, un bruit comme un ricanement sembla venir du toit.

— Est-ce que c'était toi, Tom? demanda David.

— Non, dit Tom, mal à l'aise. Je pense que c'est quelque chose sur le toit.

— Tu ne pense pas qu'on devrait partir? s'inquiéta David.

— Et pour aller où? dit Tom en se recouchant.

Ils furent tranquilles un moment.

— Peut-être que cette place est hantée ou quelque chose du genre, dit David dans le noir.

— Reste tranquille et essaie de dormir.

David arrêta de parler mais un autre bruit se produisit. C'était un pas qui montait et descendait l'escalier, plus rapidement qu'aucun pas humain. Ça semblait glisser de haut en bas et de bas en haut.

— Je veux sortir d'ici, insista David.

— D'accord, allons-nous-en, dit Tom en sautant du lit. Il alluma la chandelle.

C'est alors que commencèrent les bruits de portes claquées, les portes qu'ils avaient pourtant vues verrouillées. Le ricanement reprit.

— J'ai peur de sortir maintenant, dit David à Tom. Il semblait effrayé.

— Oui, on est peut-être mieux de rester ici, et il poussa le verrou. Personne ne pourra entrer. Il retourna sur le lit mais ne regarda pas David. Les yeux de celui-ci étaient remplis de terreur. Tom ne se sentait pas bien brave non plus.

— Écoute, ça va bien, tenta-t-il pour rassurer David.

Soudain, un grattement à la porte. Les deux garçons fixaient la poignée qui tournait.

— Non, non, non... David tremblait de peur sur son lit.

— Au moins, il y a le verrou.

Mais alors, sans aucune aide, le verrou glissa et les garçons virent avec horreur la porte s'ouvrir lentement. Après quelques centimètres, elle s'arrêta. Tout était silencieux. Puis le rire, l'affreux rire pénétra dans la chambre. En même temps, une grosse goutte verte informe suinta par l'ouverture. David était paralysé à la tête du lit ; Tom sauta jusque dans un coin.

La masse continuait d'entrer. C'était comme une gelée verte et ça sentait mauvais. Une tête fit son apparition dans la matière verte. C'était une face affreuse, couverte de marques de coups de couteau. Le ricanement venait de cette tête. Puis elle disparut.

Sur le lit, David étouffait presque. Il essayait de crier mais ne le pouvait pas. La goutte verte alla vers lui, comme attirée par sa peur.

Tom y vit une chance de se sauver. Il se glissa lentement jusqu'à la porte. En passant près de la matière verte, il sentit quelque chose de froid et de collant le long de son bras. Il se retourna et vit David qui le fixait. Il avait l'air mort.

Tom courut et courut. Il repassa par la fenêtre qui était restée ouverte puis il se hissa par-dessus la clôture de métal. Une fois dans la rue, il regarda la chambre du grenier. Il ne vit rien mais le rire lui parvenait encore.

Il ne savait pas quoi faire. Il courut le long de la rue puis s'arrêta un moment. Derrière lui, il entendit le cri d'agonie que poussa David. Tom reprit sa course folle jusqu'au parc St. James. Et il continua encore.

Londres, 21 juin. Tôt ce matin, la police a trouvé le corps d'un garçon de 18 ans, David Morin, empalé

sur une clôture de métal devant le 50, Carré Berke-
ley. L'édifice avait été forcé. Les policiers de
l'escouade des homicides pensent que le garçon a
été poussé du petit grenier. Son compagnon de
voyage, Tom Dodd, 18 ans, est retenu pour inter-
rogatoire. On élimine toute possibilité de suicide
puisque le corps de la victime montre des signes de
strangulation. Même si le 50, Carré Berkeley s'est
fait une réputation de maison « hantée », l'escouade
des homicides a dit à la presse que « Scotland
Yard » ne croit pas aux fantômes.

LES ALBATROS

Ils avaient canoté pendant cinq jours dans des régions sauvages. Les quatre plus jeunes étaient affamés et exténués. Jacques, le guide, les pressait sans cesse. Ils devaient faire un autre portage avant de s'arrêter.

— Je pense que je ne pourrai plus continuer, dit Thomas d'une voix lasse. Il partageait un canot avec Ron qui continuait de pagayer sans dire un mot. Leur canot était toujours en arrière des deux autres.

Devant, Pierre travaillait fort pour ne pas passer pour un bébé aux yeux de son grand frère Phil. Il avait eu du mal à le persuader de les amener, lui et ses copains, dans ce voyage de canot-camping.

Dans le canot de tête, Jacques pagayait à coups souples et forts. Éric était avec lui et essayait toujours de faire la même chose que lui.

Arrivés près du bord, Jacques sauta à l'eau bientôt suivi d'Éric. Ils guidèrent soigneusement le canot entre les roches coupantes.

Plusieurs minutes plus tard, Phil et Pierre refirent la même chose et tous les quatre attendirent Thomas et Ron. Ils attendaient toujours Thomas et Ron au moins dix minutes.

— Dépêchez-vous, vous nous retardez, leur cria Jacques.

101

Le canot effleura le sable de la grève. Ron sauta à l'eau pour le guider et, maladroitement, en tentant de faire de même, Thomas perdit pied et tomba à l'eau. Il pataugeait pendant que Ron sortait le canot de l'eau.

Les autres riaient de lui.

— Tu feras une bonne cible pour les moustiques, dit Jacques. Tu seras au moins bon à ça.

Éric rit très fort, comme à chaque fois que Jacques faisait des blagues.

— Allons-y, dit Phil en hissant son canot sur ses épaules. Jacques et Ron transportaient les deux autres canots. Pierre, Thomas et Éric se partageaient les provisions et les tentes.

Ce portage était très long : au moins une heure. Ils marchaient dans un sous-bois spongieux. Ils avaient mis des filets devant leur figure et leur cou pour se protéger des moustiques. Leurs mains et leurs avant-bras étaient découverts et les mouches noires du nord bourdonnaient autour d'eux, assoiffées de sang. Ceux qui transportaient les canots ne pouvaient les chasser, leurs deux mains étant déjà occupées. Les autres s'en tiraient un peu mieux. Jacques jurait en voyant les piqûres sur ses bras. Thomas était encore à la traîne, essayant de chasser l'essaim agglutiné autour de lui.

— Regardez dans le tronc de cet arbre, dit Phil, il y a un nid d'albatros.

Tous regardèrent dans cette direction : il y avait en effet un énorme nid avec des oeufs gris d'albatros.

— Ok les gars, ce n'est pas la dernière fois que vous verrez des nids d'albatros. Allons-y! ordonna Jacques sans ralentir le pas.

Ils continuèrent en silence. En arrivant au lac, Jacques mit son canot à l'eau et Éric le remplit de ses provisions.

— Je pensais qu'on devait manger maintenant, se plaignit Thomas de sa voix geignarde que les autres détestaient.

— Après le prochain portage, dit Jacques sans consulter personne.

— J'ai faim, moi aussi, dit Ron à bout de souffle. Mais il mit quand même son canot à l'eau, essayant de rejoindre les autres.

Les canots filaient sur le lac calme. Personne ne parlait. Chacun était perdu dans ses pensées. L'air était lourd.

Le silence fut soudain rompu. On entendit le cri enroué d'un albatros au-dessus du lac. Quelques secondes plus tard, un énorme oiseau piqua dans l'eau comme un kamikaze à sept mètres du dernier canot.

— C'était proche, dit Thomas. Il avait peur des albatros.

Lui et Ron guettaient l'oiseau. Au bout d'une minute, il réapparut à plusieurs mètres de son point de chute, un poisson dans le bec.

Les six canoteurs le regardaient s'envoler. Dix minutes plus tard, un autre croassement bruyant. Ils regardèrent en l'air sans en croire leurs yeux.

— C'est le plus gros albatros que j'aie jamais vu, s'exclama Jacques.

Ils ne pouvaient en détacher leurs yeux. Il plongea droit comme une flèche et fendit l'eau qui éclaboussa les canots.

— Un oiseau de cette taille peut te tuer s'il le veut, dit Phil d'une voix tranquille. Pierre avait l'air aussi apeuré que Thomas et Ron.

L'albatros ressortit de l'eau un peu plus loin, une proie gigotant dans le bec.

Ils atteignirent le portage suivant. Ils retirèrent le beurre d'arachide, le pain et la confiture de leurs sacs. Ce n'était pas un vrai repas mais ça leur permettrait d'attendre jusqu'à la halte du soir.

Ils mangeaient silencieusement. Thomas voulut se resservir mais Jacques l'en empêcha.

— Tu as eu ta part. Il faut garder de la nourriture jusqu'au retour au camp. En parlant, il lui avait un peu serré le bras. Les autres se mirent à parler du voyage pendant que Thomas boudait, un peu plus loin.

— Es-tu déjà venu ici Jacques? demanda Éric.

— Non, pas où nous allons aujourd'hui.

— Mais je pensais que tu nous avais dit… commença Phil.

— Je sais, je sais, je vous avais dit que nous prendrions le chemin habituel mais je l'avais fait un million de fois. Je pensais que j'avais un bon groupe… c'était avant de connaître Thomas, dit-il en ricanant. Je n'ai décidé que la semaine dernière d'aller là où aucune excursion n'est allée.

— Bravo! dit Pierre sans grand enthousiasme. Il n'avait plus tellement le goût de l'aventure.

Phil se leva. Il se sentait un peu inquiet. C'est lui qui avait engagé Jacques et il se sentait responsable du groupe. Mais si Jacques savait où il allait...

— Allons-y! dit-il.

On reprit la marche. Éric ouvrait le chemin, dirigé par Jacques.

— Hé! Regardez ça, dit-il après avoir marché pendant 20 minutes.

Les autres vinrent le rejoindre. C'était un nid avec deux oeufs d'albatros. Mais les oeufs étaient énormes, gigantesques, à comparer avec ceux qu'ils avaient déjà vus.

— Je veux retourner, se plaignit Thomas. Son imagination galopait, lui faisant voir un oiseau démesuré s'abattant sur lui.

Éric se mit à rire.

— Qu'est-ce qu'il y a Thomas? Tu as peur des oeufs maintenant. Il marcha vers le nid et remuait les oeufs avec son bâton.

— Laisse ça tranquille, dit Phil.

Mais Éric regardait Jacques qui lui souriait. Encouragé, il leva son bâton et brisa un oeuf, puis l'autre.

Les autres garçons le regardaient faire en silence. Puis, des bruissements d'ailes et un long cri d'agonie transperça la tranquillité des bois. Ça continuait comme une lamentation. Un albatros tournait en rond dans le ciel au-dessus d'eux.

Thomas tremblait et des larmes mouillaient ses joues. Les autres étaient pâles. Jacques avait l'air mal à l'aise. Éric jeta son bâton par terre près du nid et courut rejoindre les autres.

— Partons d'ici! ordonna Jacques.

Ils allaient à travers les bois, mais ne pouvaient échapper aux cris dans le ciel. Ils se dépêchèrent de mettre les canots à l'eau. Chacun d'eux était rempli d'un étrange sentiment de culpabilité et de peur... et même de mauvais présage.

Sur le lac, ils adoptèrent une cadence rapide. Le canot de Jacques et d'Éric filait droit ; celui de Pierre et de Phil suivait de près. Ron et Thomas essayaient de coller au groupe. Après deux heures, ils avaient perdu de vue les deux autres canots.

— Allez, dit Ron nerveusement, dépêche-toi.

— J'essaie, j'essaie. Mais la distance était trop grande. Ils se sentaient abandonnés.

— Penses-tu que Jacques nous laisserait ici? demanda Thomas.

— Sûr, Jacques le ferait, dit Ron, mais pas Phil.

Ils arrêtèrent de parler. Dans le ciel, ils entendirent le battement de fortes ailes. Juste avant de plonger, l'albatros géant lança son cri.

Les quatre autres garçons se retournèrent. Ils virent l'oiseau piquer vers le canot, son corps pointant vers eux comme un doigt.

Ils virent Ron et Thomas chercher à éviter l'oiseau.

À la dernière seconde, Ron réussit à faire dériver le canot. L'oiseau plongea à moins d'un mètre. Une vague fit presque chavirer l'embarcation. Thomas se mit à crier.

Les deux autres canots revenaient vers eux. L'albatros refit surface et prit l'air. Il n'avait rien dans le bec.

— Thomas, tais-toi, ordonna Jacques. Thomas s'arrêta et regarda Jacques, le regard vide.

— À partir de maintenant nous resterons ensemble. Il tourna son canot et repartit.

— Es-tu fou Jacques? cria Phil. Retournons en arrière. Nous pourrions aller camper au même endroit qu'hier soir.

— J'ai dit : restons ensemble. Si tu ne suis pas, je te laisse ici.

Les trois canots repartirent. Ils pagayaient mécaniquement.

Ron et Thomas ne voulaient plus penser à l'oiseau. Ils ne voulaient plus penser du tout.

Ils touchèrent le rivage d'une petite île après deux heures. Ils sortirent les canots de l'eau et attendirent les ordres de Jacques.

— Nous allons essayer de trouver un endroit pour camper.

Ils marchèrent avec tout le matériel dans les bois. Au bout de dix minutes, ils arrivèrent à une clairière.

Ce qu'ils virent les arrêtèrent net. C'était un camp déserté. Deux tentes étaient installées. Un chaudron pendait au-dessus d'un feu de camp éteint. C'était comme si les campeurs avaient disparu, laissant tout derrière eux.

— Je veux partir d'ici, dit Ron.

— Attendez une minute… attendez une minute, répétait Jacques alors que les cinq rebroussaient chemin.

Ils allèrent rejoindre Jacques qui inspectait la place.

— Regardez la nourriture. Il n'y a que quelques jours qu'elle est là, dit Pierre. Des fourmis se faisaient un festin d'une miche de pain.

— Pourquoi pensez-vous qu'ils sont partis? demanda Ron.

Personne ne lui répondit mais tous pensaient la même horrible chose.

— Je ne vois pas comment ils auraient pu partir en laissant tout derrière eux et en espérant…Phil arrêta ne finissant pas sa pensée.

— Ils n'ont même pas pris leurs sacs de couchage, dit Éric. Tout est prêt pour la nuit… mais ils ne se sont pas couchés.

— Venez les gars, on s'en va, dit Thomas.

Jacques regarda la figure terrifiée de Thomas et se mit à rire.

— Nous n'allons nulle part. Nous campons ici.

— Non, nous…

— Je veux m'en aller…

— Cet endroit me fait peur…

Un choeur de cinq voix protesta. Mais Jacques avait pris sa décision.

— Montez les tentes, ordonna-t-il.

Personne, même pas Phil, ne se sentait assez sûr de lui pour contredire Jacques. Jacques était le guide. Il connaissait la contrée et les bois. C'était le seul chef qu'ils avaient.

Ils montèrent les tentes de l'autre côté de la clairière mais Jacques insista pour qu'ils utilisent le même feu. Quand ils furent prêts pour la nuit, il commençait à faire noir.

Jacques alluma les branches qu'il avait soigneusement ramassées. Les petites flammes jaunes éclairèrent la nuit. Ils mangeaient leur ration de fèves au lard, de ragoût et de bacon. Ils avaient faim. Leurs esprits étaient préoccupés. La nuit se fit plus noire. La lune brillait dans le ciel et le feu était comme un fanal dans les bois.

Ils restèrent longtemps assis autour du feu. Jacques se leva et descendit vers le lac. Les autres se tassèrent de plus près.

— Penses-tu que ça va aller, Phil? demanda Pierre à son frère.

— Bien sûr Pierre, répondit Phil, voulant le rassurer. Mais il avait aussi peur que les autres.

— Ça va aller, chuchota Thomas pour lui-même.

Haut, très haut au-dessus des arbres, on entendit un

battement d'ailes. Ils levèrent les yeux : un albatros passa devant la lune. Il commença à plonger. Il semblait attiré par le feu. Ses yeux restaient fixés sur les corps groupés. Il fonça, droit sur eux, appelant d'autres albatros de son cri déchirant.

Il arriva sur Thomas, referma son bec autour de son cou et l'enleva. Les bras et les jambes de Thomas battaient l'air. D'autres albatros vinrent. Cinq gros oiseaux vinrent enlever leurs proies.

La lune n'éclaira plus qu'un camp immobile, désert.

TABLE DES MATIÈRES

 ACHEVÉ D'IMPRIMER
EN OCTOBRE 1989
SUR LES PRESSES DE
PAYETTE & SIMMS INC.
À SAINT-LAMBERT, P.Q.